Stefan Schäfer

Differenzierte Lesespurgeschichten Deutsch 9/10

Lesefreude wecken – Lesekompetenz fördern

1. Auflage 2022
© 2022 Auer Verlag, Augsburg
AAP Lehrerwelt GmbH
Alle Rechte vorbehalten.

Autor: Stefan Schäfer
Coverillustration: Kristina Klotz
Illustrationen: Kristina Klotz, Katharina Reichert-Scarborough (Icons)
Satz: Fotosatz Buck, Kumhausen
Druck und Bindung: Franz X. Stückle Druck und Verlag e.K.
ISBN 978-3-403-**08702**-1

www.auer-verlag.de

Inhaltsverzeichnis

Vorwort

Bei Lesespurgeschichten geht es grundsätzlich darum, durch Hinweise im Text einen Weg auf einer Karte zu verfolgen und diesen Weg mithilfe von Ziffern, die die einzelnen Stationen des Weges kennzeichnen, zu notieren. Dabei gibt es stets nur einen korrekten Weg und viele Irrwege, die jedoch auf die letzte richtige Wegstation zurückverweisen, sodass der Lesefortschritt gesichert ist.

Leitfaden zum Lesen von Lesespurgeschichten:

1. Zuerst liest man die Einleitung und sucht auf der Karte die Ziffer 1. Wenn Sie die Karte in Farbe benötigen, können Sie diese über den QR-Code auf den Karten-Seiten abrufen.
2. Dann versucht man, durch den in Textabschnitt 1 gegebenen Hinweis, den nächsten Ort auf der Lesespurlandkarte zu finden.
3. Hat man den richtigen Ort auf der Karte gefunden, notiert man die zugeordnete Lesespur (Ziffer) auf der dafür vorgesehenen Linie und liest anschließend bei dieser Ziffer im Text weiter.
4. Hat man den Hinweis falsch umgesetzt und liest bei einer verkehrten Spur weiter, wird man auf den Fehler aufmerksam gemacht und ggf. zurückverwiesen.

Grundsätzlich ist es sinnvoll, in einer **ersten Unterrichtseinheit** eine Lesespurgeschichte gemeinsam zu erarbeiten. Sobald die Schülerinnen und Schüler Einsicht in die Funktionsweise gewonnen haben, können die anderen Geschichten komplett selbstständig – auch in Partner- oder Gruppenarbeit – erlesen werden. Zeitlich sind die Texte so ausgelegt, dass sie in 45 Minuten leicht bewältigbar sein sollten. Vorrangiges Ziel ist die Förderung des sinnentnehmenden Lesens, ein weiteres Augenmerk liegt auch auf der Entwicklung der Lesefreude. Durch das kleinschrittige Vorgehen, die eingebauten Rätsel und die Möglichkeiten zur Selbstkontrolle sind die Geschichten für die Schülerinnen und Schüler hoch motivierend. Zielgruppe sind vorrangig Leserinnen und Leser der 9. und 10. Jahrgangsstufe aller Schularten.

Alle Lesespurgeschichten liegen in differenzierter Form, d. h. einmal für eher schwache (gekennzeichnet mit ☆) und einmal für eher starke Leserinnen und Leser (gekennzeichnet mit ★), vor. Die leichteren Geschichten haben

- einen kürzeren Text,
- z. T. leichtere Rätsel bzw. Kontrollen,
- eine größere Schrift,
- eine einfachere Wortwahl.

Für beide Versionen gibt es eine gemeinsame Lösungsseite. Es sind folgende Möglichkeiten der Kontrolle vorstellbar:

- im Nachhinein durch die Lehrkraft
- gemeinsam im Klassenverband mündlich oder mit dem Tageslichtprojektor, dem Beamer oder der Dokumentenkamera.
- selbstständig durch die Schülerinnen und Schüler mithilfe der Lösungsseite nach Abschluss einer Geschichte.
- selbstständig während des Leseprozesses durch die Schülerinnen und Schüler. Dazu werden die Lesespuren nacheinander an die Tafel geschrieben.

Eine erfolgreiche Arbeit mit dem Band wünscht

Stefan Schäfer

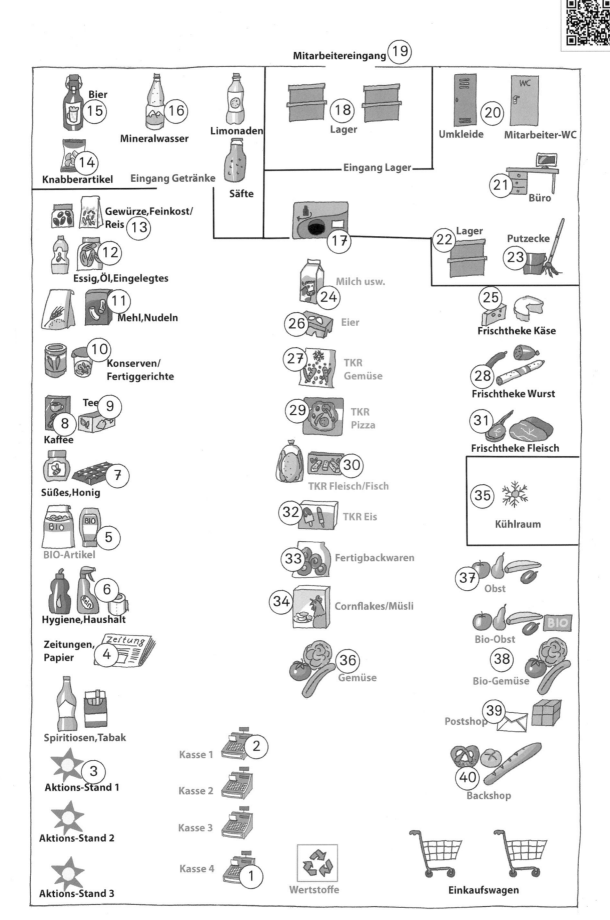

Mitarbeitereingang (19)

Bier (15)

(16) Mineralwasser

Limonaden

(18) Lager

Umkleide   Mitarbeiter-WC (20)

(14) Knabberartikel   Eingang Getränke

Säfte

Eingang Lager

(21) Büro

Gewürze, Feinkost/ Reis (13)

(12) Essig, Öl, Eingelegtes

(17)

(22) Lager

Putzecke (23)

Milch usw. (24)

(25) Frischtheke Käse

(11) Mehl, Nudeln

(26) Eier

(10) Konserven/ Fertiggerichte

(27) TKR Gemüse

(28) Frischtheke Wurst

Tee (9)

(8) Kaffee

(29) TKR Pizza

(31) Frischtheke Fleisch

(7) Süßes, Honig

(30) TKR Fleisch/Fisch

(5) BIO-Artikel

(32) TKR Eis

(35) Kühlraum

(6) Hygiene, Haushalt

(33) Fertigbackwaren

(37) Obst

Zeitungen, Papier (4)

(34) Cornflakes/Müsli

Bio-Obst

(38) Bio-Gemüse

Spiritiosen, Tabak

(36) Gemüse

(39) Postshop

(3) Aktions-Stand 1

Kasse 1 (2)

Kasse 2

(40) Backshop

Aktions-Stand 2

Kasse 3

Aktions-Stand 3

Kasse 4 (1)

Wertstoffe

Einkaufswagen

Stefan Schäfer: Differenzierte Lesespurgeschichten Deutsch 9/10
© Auer Verlag

Aushilfsjob im Supermarkt

Heute fängt Dennis seinen neuen Schülerjob im Supermarkt an. Die Leiterin der Filiale, Frau Bertram, ist eine Bekannte der Mutter von Dennis. Frau Bertram hat Dennis angeboten, dass er an den Freitagnachmittagen im Supermarkt arbeiten kann.

Wenn du wissen willst, was Dennis an seinem ersten Nachmittag als Helfer im Supermarkt alles erlebt, beginne bei 1 mit dem Lesen.

(1) Hier an Kasse 4 ist Dennis mit Frau Bertram verabredet. Dennis kommt pünktlich um 16 Uhr. Auch Frau Bertram ist schon da und begrüßt Dennis: „Schön, dass du bei uns arbeiten wirst. Bevor es losgeht, müssen wir noch ins Büro. Komm mit!" Frau Bertram geht mit Dennis den linken Mittelgang Richtung Getränkeabteilung. Als sie am letzten Tiefkühlregal vorbeigegangen sind, hält Frau Bertram bei den Eiern – gegenüber dem Regal für Milch – an.

(2) Das ist Kasse 1, die im Text zwar mehrfach vorkommt, aber immer nur als Orientierungspunkt. Lies am besten noch einmal an der letzten Stelle nach, an der du sicher richtig warst.

(3) Richtig, das ist der erste Stand im Aktionsbereich zwischen Kasse 1 und Kasse 2. Hier fangen Sonja und Dennis an, Kaffee nachzufüllen. Sonja sagt: „Ich gehe jetzt eben zu den Eiern und sortiere die nach dem Haltbarkeitsdatum. Räum du hier den restlichen Kaffee ein, ich schaue dann gleich wieder nach dir." Gerade als Dennis damit fertig ist, spricht ihn eine ältere Dame an: „Junger Mann, Sie haben hier doch sicher auch noch anderen Kaffee, nicht wahr?" Und gerade in diesem Augenblick kommt Sonja auch wieder und sagt: „Dennis, am besten begleitest du die Dame zum Kaffeeregal. Das ist im übernächsten Seitengang links. Rechtes Regal, hinten. Warte dann dort auf mich, ich mache hier schnell fertig und komme dann." So sagt Dennis freundlich zu der älteren Dame: „Kommen Sie bitte mit. Ich zeige Ihnen, wo Sie die anderen Kaffeesorten finden."

(4) Hier bist du falsch, die Zeitungen und das Papier kommen im Text nicht vor. Vielleicht hast du die Ziffer 4 mit der Kasse 4 verwechselt, dann musst du noch einmal bei Nummer 1 beginnen.

(5) Da ist die Antwort zur Aufgabe bei 11 falsch. Das Regal für BIO-Artikel wird in der Geschichte nicht erwähnt.

(6) Die Haushalts- und Hygieneartikel kommen in der Geschichte nicht vor. Vielleicht hast du dich bei den Seitengängen verzählt; dann musst du noch einmal bei 3 nachlesen.

(7) Hier bist du zwar im richtigen Gang, aber auf der falschen Seite. Lies noch einmal bei 3 nach, wie es weitergeht.

Stefan Schäfer: Differenzierte Lesespurgeschichten Deutsch 9/10
© Auer Verlag

⑧ Da die ältere Dame nicht mehr so schnell laufen kann, hat es etwas länger gedauert. Dennis muss deshalb auf Sonja gar nicht lange warten. Sonja sagt zu Dennis: „Ich zeige dir jetzt unsere Putzecke. Frau Bertram hat mir eben gesagt, dass im Mehlregal eine Packung kaputt war und jetzt dort alles voller Mehl ist. Da müssen wir sauber machen." Die Putzecke des Supermarktes befindet sich im Lagerbereich auf derselben Seite wie das Büro, nur in der Ecke gegenüber.

⑨ Beim Teeregal bist du falsch. Lies noch einmal bei 3 nach, wo es für Dennis jetzt weitergeht.

⑩ Hier bei den Konserven und Fertiggerichten bist du zwar im richtigen Gang, aber auf der falschen Seite. Lies noch einmal bei 23 nach, wo genau es weitergeht.

⑪ Genau, hier am Mehlregal ist wirklich alles voller Mehl. Sonja räumt das Regal aus und putzt alles ab, Dennis wischt inzwischen den Boden.

Sonja wird von einer Frau angesprochen, die neben dem Mehlregal bei den Nudeln steht: „Das mit den unterschiedlichen Verpackungsgrößen ist ja schon kompliziert. Hier, die Kilo-Packung Nudeln für 5,49 € ist mir zu groß. Dieselben Nudeln gibt es auch noch in der 500-Gramm-Packung für 2,79 € und in einer 330-Gramm-Packung für 1,89 €. Welche von den beiden ist im Verhältnis zum Gewicht der 1000-Gramm-Packung teurer?"

Kreuze an, welche Packung am teuersten im Verhältnis zum Inhalt ist. Die Zahl hinter der richtigen Lösung, zeigt dir, wo es weitergeht.

330-Gramm-Packung für 1,89 € ☐ (38)
500-Gramm-Packung für 2,79 € ☐ (13)

⑫ Ups, da ist die Antwort zur Aufgabe bei 15 falsch. Die Regale für Essig, Öl und Eingelegtes werden in der Geschichte nicht erwähnt.

⑬ Hier bist du richtig, denn hier muss Dennis noch Reis nachfüllen. Dann hat er für heute Feierabend. „Puh", sagt er, „ich hätte nicht gedacht, dass das hier so anstrengend ist!" „Ach", lacht Sonja, „da gewöhnst du dich dran. Außerdem war es heute auch ein bisschen hektisch, wegen des Leergutstaus und den Putzarbeiten. Aber klar, Arbeit ist es schon!" Ja, das hat Dennis auch gemerkt und er beschließt, gleich nach Feierabend ein großes Eis zu essen.

⑭ Das Knabberzeug wird im Text zwar erwähnt, aber lediglich zur Erklärung einer anderen Angabe. Lies noch einmal bei 35 nach, wo es für Dennis genau weitergeht.

Stefan Schäfer: Differenzierte Lesespurgeschichten Deutsch 9/10
© Auer Verlag

(15) Genau, hier muss Dennis die Reste der zerbrochenen Bierflasche wegmachen. „Mensch", denkt sich Dennis, „eine schöne Sauerei. Und stinken tut es auch noch!"

Wieviel Milliliter reinen Alkohols enthält eigentlich eine kleine Flasche Bier (0,33 Liter = 330 ml), wenn das Bier einen Alkoholgehalt von 5,1 Prozent hat? Die Zahl hinter der richtigen Lösung, zeigt dir, wo es weitergeht.

Eine kleine Flasche Bier enthält
ca. 8 ml ☐ (12)   ca. 17 ml ☐ (13)   ca. 33 ml ☐ (18)
reinen Alkohols.

(16) Das Mineralwasser wird im Text zwar erwähnt, aber lediglich zur Erklärung einer anderen Angabe. Lies noch einmal bei 17 nach, wo es für Dennis genau weitergeht.

(17) Hier an der Pfandstation hat sich auf dem Förderband für die leeren Kisten ein Stau gebildet. Dennis muss helfen, die leeren Kisten rasch zu verräumen. Kaum läuft das Förderband wieder, spricht ihn auch schon Frau Bertram an: „Dennis, beim Bier, in der Getränkeabteilung schräg gegenüber von der Pfandstation vor dem Mineralwasser, ist einem Kunden eine Flasche Bier heruntergefallen und zerbrochen. Mach dort bitte sauber."

(18) Oh je, da ist die Antwort zur Aufgabe bei 15 falsch. Dieser Teil des Lagers spielt in der Geschichte keine Rolle.

(19) Der Mitarbeitereingang kommt im Text nur als Orientierungspunkt vor. Lies bei 20 noch einmal genau nach.

(20) Richtig, als Dennis die Umkleide neben dem Mitarbeitereingang verlässt, wartet dort schon Sonja. Sonja sagt zu ihm: „So Dennis, komm, wir müssen im Aktionsbereich Ware nachfüllen." Dennis fragt nach: „Frau Bertram meinte vorhin, dass wir erst die Eier kontrollieren sollen. Weißt du davon?" „Ja", meint Sonja, „die Eier kommen auch noch an die Reihe. Aber eben hat mir Frau Mutlu, die heute Kasse 1 macht, gesagt, dass der Kaffee, der im Angebot ist, schon ausgegangen ist. Das geht vor. Wenn die Angebote nicht da sind, werden die Kunden sauer!" Und Sonja zeigt Dennis im Regalbereich auf der Büroseite, wo der Kaffee steht, der heute im Angebot ist. Beide schnappen sich jeweils einen Karton mit Kaffeepackungen und machen sich auf den Weg zum ersten Stand im Aktionsbereich zwischen Kasse 1 und Kasse 2.

Stefan Schäfer: Differenzierte Lesespurgeschichten Deutsch 9/10
© Auer Verlag

㉑ Richtig, hier im Büro geht es weiter. Frau Bertram lässt Dennis seinen Vertrag unterschreiben und erklärt ihm genau, welche Regeln er einzuhalten hat. „Das Wichtigste ist", sagt sie zu Dennis, „dass du immer freundlich zu unseren Kunden bist! Und jetzt bringe ich dich zur Umkleide. Dort kannst du deine Jacke aufhängen. Warte vor der Umkleide dann auf Sonja. Sie holt dich ab und lernt dich ein. Also, Dennis, viel Spaß bei der Arbeit!"

㉒ Dieser Lagerbereich wird zwar in 8 erwähnt, dient dort aber nur zur Orientierung. Lies noch einmal bei 8 nach, wie es für Dennis weitergeht.

㉓ Das ist die Putzecke des Supermarkts, die Sonja Dennis zeigen will. Denn es passiert immer wieder, dass etwas aufgewischt bzw. saubergemacht werden muss. Hier also gibt es alle Putzsachen, aber auch die Abfallbehälter. Sonja bittet Dennis, einen Eimer Wasser mit Reinigungsmittel zu richten. Sie selbst nimmt Handschuhe, Putzlappen und den Wischmopp. Und dann machen sich die beiden auf zum Mehlregal, das sich an derselben Stelle wie das Kaffeeregal befindet, nur einen Seitengang weiter Richtung Getränkeabteilung.

㉔ Die Regale für Milch und Milchprodukte werden im Text zwar erwähnt, dienen aber nur als Orientierungspunkt. Lies noch einmal bei 1 nach, wo genau Frau Bertram mit Dennis anhält.

㉕ Die Frischtheke Käse wird in der Geschichte nicht erwähnt. Vielleicht verwechselst du diese Theke mit der Fleischtheke, die in 38 erwähnt wird. Lies dort noch einmal nach.

㉖ „Hier", sagt Frau Bertram zu Dennis, „wirst du gleich mit Sonja, das ist unsere Auszubildende, das Haltbarkeitsdatum der Eier überprüfen. Da hat uns vorhin eine Kundin gesagt, dass eine Packung schon fast abgelaufen ist. Aber jetzt gehen wir erst einmal ins Büro."

㉗ Das letzte Tiefkühlregal vom Haupteingang aus wird im Text zwar erwähnt, doch geschieht dort nichts. Lies noch einmal genau unter 1 nach, wo es in der Geschichte weitergeht.

㉘ Die Frischtheke Wurst wird in der Geschichte nicht erwähnt. Vielleicht verwechselst du diese Theke mit der Fleischtheke, die in 38 erwähnt wird. Lies dort noch einmal nach, wie es für Dennis weitergeht.

㉙ Das Tiefkühlregal für Pizzen wird in der Geschichte nicht erwähnt. Ein Tiefkühlregal kommt aber bei 38 vor. Vielleicht hast du dort etwas durcheinandergebracht. Lies noch einmal genau nach.

㉚ Das Tiefkühlregal für Fleisch- und Fischprodukte wird in der Geschichte nicht erwähnt. Ein Tiefkühlregal wird aber bei 38 erwähnt. Vielleicht hast du dort etwas durcheinandergebracht. Lies noch einmal genau nach.

Stefan Schäfer: Differenzierte Lesespurgeschichten Deutsch 9/10
© Auer Verlag

㉛ Die Frischtheke Fleisch wird im Text nur als Orientierungspunkt erwähnt. Lies noch einmal bei 38 nach, wo Dennis als Nächstes hinmuss.

㉜ Am Tiefkühlregal für Speiseeis arbeiten Dennis und Sonja zwar. Es wird in 35 und auch in 38 erwähnt, ist aber keine Nummer in der Lesespur. Lies noch einmal bei 38 nach, an welcher Stelle genau sich Dennis mit Sonja als Nächstes treffen soll.

㉝ Das Regal für Fertigbackwaren wird nur als Orientierungspunkt erwähnt. Lies noch einmal bei 38 nach, wo Dennis als Nächstes hingehen muss.

㉞ Die Regale für Cornflakes, Müsli usw. werden in der Geschichte nur als Orientierungspunkt erwähnt. Lies noch einmal bei 38 nach, wo Dennis als Nächstes hingehen muss.

㉟ „Schau", sagt Sonja, als sie wieder bei Dennis ist, der vor dem Kühlraum wartet, „ich habe dir Handschuhe mitgebracht." „Handschuhe, im Hochsommer? Nicht dein Ernst!?" „Das Speiseeis wird bei minus 18 Grad gelagert. Wenn du damit eine halbe Stunde arbeitest, bekommst du Eisfinger, egal wie warm es draußen ist." Das sieht Dennis ein und die beiden machen sich an die Arbeit und füllen aus dem Kühlraum die Bestände im Tiefkühlregal für Speiseeis auf. Etwa eine Viertelstunde später kommt die Lautsprecherdurchsage: „Dennis bitte sofort zur Pfandstation, Dennis bitte sofort zur Pfandstation." Dennis macht sich auf den Weg zur Pfandstation, die rechts neben dem Eingang zur Getränkeabteilung – am Ende des linken Mittelganges – liegt.

㊱ Die Frischtheke für Gemüse wird im Text nicht erwähnt, hier bist du völlig falsch. Lies noch einmal an der letzten Stelle nach, an der du sicher richtig warst.

㊲ Die Frischtheke für Obst wird im Text nur als Orientierungspunkt erwähnt. Lies noch einmal bei 38 nach, wo es für Dennis als Nächstes genau weitergeht.

㊳ Am Regal für Bio-Obst und -Gemüse sind Sonja und Dennis gerade mit ihrer Kontrolle fertig geworden: Kein fauliges Obst und Gemüse zu sehen! Da kommt Frau Bertram und sagt: „Wenn ihr hier fertig seid, füllt ihr bitte als Nächstes das Tiefkühlregal mit Speiseeis auf. Morgen soll es ja wieder warm werden." Als Frau Bertram wieder gegangen ist, sagt Sonja zu Dennis: „Ich muss mal eben noch aufs Klo. Wir treffen uns beim Kühlraum, der sich gleich hier hinter der Wand befindet, vor der das Obst aufgebaut ist. Der Eingang ist aber ganz versteckt am rechten Ende der Fleischtheke. Wenn man es nicht weiß, fällt die Tür gar nicht auf. Bin in zwei Minuten da."

㊴ Hier bist du beim Postshop gelandet. Dieser Bereich des Supermarkts wird aber in der Geschichte nicht erwähnt. Lies noch einmal an der letzten Stelle nach, an der du sicher richtig warst.

Stefan Schäfer: Differenzierte Lesespurgeschichten Deutsch 9/10
© Auer Verlag

(40) Das ist der Backshop, der aber im Text nicht erwähnt wird. Lies noch einmal an der letzten Stelle nach, an der du sicher richtig warst.

Meine Lesespur:

1, ——, ——, ——, ——, ——, ——, ——, ——, ——, ——, ——, ——

Aushilfsjob im Supermarkt

Heute fängt Dennis seinen neuen Nebenjob im Supermarkt an. Die Filialleiterin, Frau Bertram, ist eine Bekannte von Dennis' Mutter und hat Dennis angeboten, dass er an den Freitagnachmittagen mithelfen kann, den Supermarkt für den großen Kundenandrang an den Samstagen vorzubereiten.

Wenn du wissen willst, was Dennis an seinem ersten Nachmittag beim Nebenjob im Supermarkt alles erlebt, beginne bei 1 mit dem Lesen.

1. Hier an Kasse 4 ist Dennis mit der Filialleiterin Frau Bertram um 16 Uhr verabredet. Als Dennis pünktlich um 16 Uhr kommt, ist Frau Bertram bereits da und begrüßt Dennis: „Schön, dass du uns bei der Samstagsvorbereitung unterstützt. Bevor es losgeht, müssen wir im Büro noch deinen Vertrag fertig machen, dann kannst du dich umziehen und loslegen. Komm mit!" Frau Bertram geht mit Dennis den linken Mittelgang Richtung Getränkeabteilung. Als sie am letzten Tiefkühlregal vorbeigegangen sind, hält Frau Bertram bei den Eiern – gegenüber den Regalen für Milch und Milchprodukte – an.

2. Das ist Kasse 1, die im Text zwar mehrfach erwähnt wird, aber immer nur als Umstandsangabe oder Orientierungspunkt. Dennis erlebt hier heute nichts, was es zu berichten gibt.

3. Das ist der erste Stand im Aktionsbereich zwischen Kasse 1 und Kasse 2, richtig. Hier beginnen Sonja und Dennis damit, Kaffee nachzufüllen. Sonja sagt: „Ich gehe jetzt eben zu den Eiern und sortiere die nach dem Mindesthaltbarkeitsdatum. Räume du hier die restlichen Kaffeepäckchen ein, ich schaue dann in circa zehn Minuten wieder nach dir." Als Dennis eben an den letzten Päckchen Kaffee ist, spricht ihn eine ältere Dame an: „Junger Mann, Sie haben hier doch sicher auch noch andere Kaffeesorten, nicht wahr?" Und gerade in diesem Augenblick kommt Sonja ebenfalls wieder zurück und sagt: „Dennis, am besten begleitest du die Dame zum regulären Kaffee-Regal. Das befindet sich im übernächsten Seitengang des linken Mittelgangs. Rechtes Regal, hinten. Warte dann dort auf mich, ich mache hier schnell fertig und komme dann." Deshalb sagt Dennis, der den Supermarkt von eigenen Einkäufen ganz gut kennt und das Kaffee-Regal natürlich auch ohne Sonjas Erklärung gefunden hätte, freundlich zu der älteren Dame: „Kommen Sie bitte mit. Ich zeige Ihnen, wo Sie die anderen Kaffeesorten finden."

4. Hier bist du falsch, die Zeitungen und die Papierabteilung werden im Text nicht erwähnt. Vielleicht hast du die Ziffer 4 mit der Kasse 4 verwechselt, dann musst du noch einmal bei Nummer 1 beginnen.

5. Da ist die Antwort zur Aufgabe bei 11 falsch. Das Regal für BIO-Artikel wird in der Geschichte nicht erwähnt.

6. Die Haushalts- und Hygieneartikel kommen in der Geschichte nicht vor. Vielleicht hast du dich bei den Seitengängen verzählt; dann musst du noch einmal bei 3 nachlesen.

7. Hier bist du zwar im richtigen Gang, aber auf der falschen Seite. Lies noch einmal bei 3 nach, wie es weitergeht.

Stefan Schäfer: Differenzierte Lesespurgeschichten Deutsch 9/10
© Auer Verlag

8 Da die ältere Dame nicht mehr so gut zu Fuß ist, hat der Weg zum Kaffee-Regal etwas länger gedauert, sodass Dennis auf Sonja gar nicht lange warten muss. Und nachdem sich die ältere Dame bei Dennis bedankt und sich dem Kaffeeregal zugewendet hat, sagt Sonja zu Dennis. „Ich zeige dir jetzt unsere Putzecke im Lager. Frau Bertram hat mich eben darauf hingewiesen, dass im Mehlregal wieder einmal eine Packung undicht war und jetzt dort alles voller Mehl ist. Da müssen wir sauber machen." Die Putzecke des Supermarktes befindet sich auf derselben Seite wie das Büro im Lagerbereich, nur in der Ecke gegenüber.

9 Beim Teeregal bist du falsch. Lies noch einmal bei 3 nach, wo es für Dennis jetzt weitergeht.

10 Hier bei den Konserven und Fertiggerichten bist du zwar im richtigen Gang, aber auf der falschen Seite. Lies noch einmal bei 23 nach, wo genau es weitergeht.

11 Genau, hier am Mehlregal ist wirklich alles voller Mehl. Sonja räumt das Regal aus und putzt alles ab, Dennis wischt inzwischen den Boden.

Sonja wird von einer Frau angesprochen, die neben dem Mehlregal bei den Nudeln steht: Das mit den unterschiedlichen Verpackungsgrößen ist ja schon kompliziert. Hier, die Kilo-Packung Nudeln für 5,49 € ist mir zu groß. Dieselben Nudeln gibt es auch noch in der 500-Gramm-Packung für 2,79 € und in einer 330-Gramm-Packung für 1,89 €. Welche von den beiden ist denn im Verhältnis zum Gewicht teurer?"

Kreuze an, welche Packung am teuersten im Verhältnis zum Inhalt ist. Die Zahl hinter der richtigen Lösung, zeigt dir, wo es weitergeht.

330-Gramm-Packung für 1,89 € ☐ (38)
500-Gramm-Packung für 2,79 € ☐ (5)

12 Ups, da ist die Antwort zur Aufgabe bei 15 falsch. Die Regale für Essig, Öl und Eingelegtes werden in der Geschichte nicht erwähnt.

13 Hier bist du richtig, denn hier muss Dennis, als letzte Arbeit seines ersten Einsatzes im Supermarkt, noch die Reisbestände nachfüllen. „Puh", sagt er, „ich hätte nicht gedacht, dass das hier so anstrengend ist!" „Ach", lacht Sonja, die Dennis auch bei dieser Arbeit wieder unterstützt, „da gewöhnst du dich dran. Außerdem war es heute auch ein bisschen hektisch, wegen des Leergutstaus und den Reinigungsarbeiten. Aber klar, Arbeit ist es schon!" Ja, das hat Dennis auch gemerkt und er beschließt, sich gleich, wenn er Feierabend hat, ein großes Eis zu gönnen.
Ob er wohl Sonja, als Dankeschön für die Einarbeitung, auch einladen soll? Was meint ihr?

14 Die Knabberartikel werden im Text zwar erwähnt, aber lediglich zur Erklärung einer anderen Angabe. Lies noch einmal bei 17 nach, wo es für Dennis genau weitergeht.

Stefan Schäfer: Differenzierte Lesespurgeschichten Deutsch 9/10
© Auer Verlag

⑮ Genau, hier muss Dennis die Reste der hinuntergefallenen und zerbrochenen Bierflasche beseitigen. „Mensch", denkt sich Dennis, „eine schöne Sauerei. Und stinken tut es auch noch!"

Wieviel Milliliter reinen Alkohols enthält eigentlich eine kleine Flasche Bier (0,33 l), wenn das Bier einen Alkoholgehalt von 5,1 Prozent besitzt? Die Zahl hinter der richtigen Lösung, zeigt dir, wo es weitergeht.

Eine kleine Flasche Bier enthält
ca. 8 ml □ (12)   ca. 17 ml □ (13)   ca. 33 ml □ (18)
reinen Alkohols.

⑯ Das Mineralwasser wird im Text zwar erwähnt, aber lediglich zur Erklärung einer anderen Angabe. Lies noch einmal bei 17 nach, wo es für Dennis genau weitergeht.

⑰ Hier an der Pfandstation hat sich auf dem Kistenförderband ein Stau gebildet und Dennis muss dabei helfen, die leeren Kisten rasch zu verräumen. Kaum läuft das Förderband wieder, spricht ihn auch schon Frau Bertram an: „Dennis, beim Bier, in der Getränkeabteilung schräg gegenüber von der Pfandstation zwischen Mineralwasser und den Regalen mit den Knabberartikeln, ist einem Kunden eine Flasche Bier heruntergefallen und zerbrochen. Mach dort bitte sauber. Wo unsere Putzecke ist, hat dir Sonja ja bestimmt schon gezeigt." Dennis nickt, sagt: „Ja, klar!", und macht sich sofort auf den Weg in die Getränkeabteilung zum Bier.

⑱ Oh je, da ist die Antwort zur Aufgabe bei 15 falsch. Dieser Teil des Lagers spielt in der Geschichte keine Rolle.

⑲ Der Mitarbeitereingang wird im Text nur als Orientierungspunkt erwähnt. Lies bei 20 noch einmal genau nach.

⑳ Richtig, nachdem Dennis seine Jacke aufgehängt und die Umkleide neben dem Mitarbeitereingang verlassen hat, wartet auch schon Sonja, die sich vorstellt und meint: „So, Dennis, komm, wir müssen im Aktionsbereich vor den Kassen Ware nachfüllen." Dennis fragt nach: „Frau Bertram meinte vorhin, dass wir erst die Eier kontrollieren sollen. Weißt du davon?" „Ja", meint Sonja, „die Eier kommen auch noch an die Reihe. Aber eben hat mir Frau Mutlu, die heute Kasse 1 macht, gesagt, dass der Kaffee, der im Angebot ist, schon ausgegangen ist. Das geht vor. Wenn die Angebote nicht da sind, werden die Kunden sauer!" Und Sonja zeigt Dennis im Regalbereich auf der Büroseite, wo der Kaffee lagert, der heute im Angebot ist. Beide nehmen sich jeweils einen großen Karton mit Kaffeepackungen und machen sich auf den Weg zum ersten Stand im Aktionsbereich zwischen Kasse 1 und Kasse 2.

㉑ Richtig, hier im Büro geht es weiter. Frau Bertram lässt Dennis seinen Arbeitsvertrag unterschreiben und erklärt ihm genau, welche Regeln er im Supermarkt und im Umgang mit den Kunden einzuhalten hat. „Das Wichtigste ist", schärft sie Dennis ein, „dass du immer freundlich und hilfsbereit zu unseren Kunden bist! Und nun bringe ich dich zur Umkleidekabine. Dort kannst du deine Jacke aufhängen. Warte vor der Umkleide dann auf Sonja. Sie holt dich ab und lernt dich ein. Also, Dennis, viel Freude bei der Arbeit und denk' daran: Die Kunden immer freundlich anlächeln!"

㉒ Dieser Lagerbereich wird zwar in 8 erwähnt, dient dort aber nur zur Orientierung. Lies noch einmal bei 8 nach, wie es für Dennis weitergeht.

Stefan Schäfer: Differenzierte Lesespurgeschichten Deutsch 9/10
© Auer Verlag

(23) Das ist die Putzecke des Supermarkts, die Sonja Dennis zeigen will. Denn tatsächlich kommt es häufiger vor, dass auch während der Öffnungszeiten etwas aufgewischt bzw. saubergemacht werden muss. Hier also gibt es Putzmittel, Reinigungsgeräte, aber auch die Abfallbehälter. Sonja bittet Dennis, einen Eimer Wasser mit Universalreiniger zu richten, sie selbst nimmt Handschuhe, Putzlappen und den Wischmopp. Und dann machen sich die beiden auf zum Mehlregal, das sich an derselben Stelle wie das Kaffeeregal befindet, nur einen Seitengang weiter Richtung Getränkeabteilung.

(24) Die Regale für Milch und Milchprodukte werden im Text zwar erwähnt, dienen aber nur als Orientierungspunkt. Lies noch einmal bei 1 nach, wo genau Frau Bertram mit Dennis anhält.

(25) Die Frischtheke Käse wird in der Geschichte nicht erwähnt. Vielleicht verwechselst du diese Theke mit der Fleischtheke, die in 38 erwähnt wird. Lies dort noch einmal nach.

(26) „Hier", sagt Frau Bertram zu Dennis, „wirst du gleich mit Sonja, das ist unsere Auszubildende, das Mindesthaltbarkeitsdatum der Eier überprüfen. Da hat uns vorhin eine Kundin darauf aufmerksam gemacht, dass eine Packung schon fast abgelaufen war. Aber jetzt gehen wir erst einmal ins Büro."

(27) Das letzte Tiefkühlregal vom Haupteingang aus wird im Text zwar erwähnt, doch geschieht dort nichts. Lies noch einmal genau unter 1 nach, wo es in der Geschichte weitergeht.

(28) Die Frischtheke Wurst wird in der Geschichte nicht erwähnt. Vielleicht verwechselst du diese Theke mit der Fleischtheke, die in 38 erwähnt wird. Lies dort noch einmal nach, wie es für Dennis weitergeht.

(29) Das Tiefkühlregal für Pizzen und andere gefrorene Fertiggerichte wird in der Geschichte nicht erwähnt. Ein Tiefkühlregal wird aber bei 38 erwähnt. Vielleicht hast du dort etwas durcheinandergebracht. Lies noch einmal genau nach.

(30) Das Tiefkühlregal für Fleisch- und Fischprodukte wird in der Geschichte nicht erwähnt. Ein Tiefkühlregal wird aber bei 38 erwähnt. Vielleicht hast du dort etwas durcheinandergebracht. Lies noch einmal genau nach.

(31) Die Frischtheke Fleisch wird im Text nur als Orientierungspunkt erwähnt. Lies noch einmal bei 38 nach, wo Dennis als Nächstes hinmuss.

(32) Das Tiefkühlregal für Speiseeis wird zwar von Dennis und Sonja befüllt und sowohl in 35 als auch in 38 erwähnt, ist aber keine Nummer in der Lesespur. Lies noch einmal bei 38 genau nach, an welcher Stelle sich Dennis mit Sonja als Nächstes treffen soll.

(33) Das Regal für Fertigbackwaren wird nur als Orientierungspunkt erwähnt. Lies noch einmal bei 38 nach, wo Dennis als Nächstes hingehen muss.

(34) Die Regale für Cerialien (Cornflakes, Müsli usw.) werden in der Geschichte nur als Orientierungspunkt erwähnt. Lies noch einmal bei 38 nach, wo Dennis als Nächstes hingehen muss.

(35) „Schau", sagt Sonja, als sie wieder bei Dennis ist, der vor dem Kühlraum wartet, „ich habe dir Handschuhe mitgebracht." „Handschuhe, im Hochsommer? Nicht dein Ernst!?" „Wenn du eine halbe Stunde Speiseeis, das bei minus 18 Grad gelagert wird, umschichtest, kann es draußen auch 50 Grad im Schatten haben, die Finger werden dir abfrieren, glaub' mir's." Das sieht Dennis ein und die beiden machen sich an die Arbeit und füllen aus dem Kühlraum die Bestände im Tiefkühlregal für Speiseeis auf. „Du machst hier eine Ausbildung?", fragt Dennis Sonja, während die beiden fleißig Eis nachfüllen. „Wie ist das so?" „Ich bin sehr zufrieden", antwortet Sonja. „Ehrlich gesagt ist Frau Bertram zwar ziemlich streng, aber sie zeigt und erklärt einem alles wirklich gut." Kurze Zeit darauf kommt die Lautsprecherdurchsage: „Dennis bitte sofort zur Pfandstation, Dennis bitte sofort zur Pfandstation." Dennis macht sich auf den Weg zur Pfandstation, die rechts neben dem Eingang zur Getränkeabteilung – am Ende des linken Mittelganges – liegt.

(36) Die Frischtheke für Gemüse wird im Text nicht erwähnt, hier bist du völlig falsch. Lies noch einmal an der letzten Stelle nach, an der du sicher richtig warst.

(37) Die Frischtheke für Obst wird im Text nur als Orientierungspunkt erwähnt. Lies noch einmal bei 38 nach, wo es für Dennis als Nächstes genau weitergeht.

(38) Am Regal für Bio-Obst und -Gemüse kontrollieren Sonja und Dennis gerade die Ware. „Ich könnte mir hier auch eine Lehre vorstellen", sagt Dennis und fragt: „Was verdient man denn so, wenn man hier eine Ausbildung macht?" „Ich bin jetzt erst im ersten Ausbildungsjahr zur Kauffrau im Einzelhandel und bekomme 640 Euro pro Monat", antwortet Sonja. „Später wird es dann natürlich mehr. Außerdem kann man später ja mal selbst Filialleiter werden oder sich zum Handelswirt fortbilden." „Nicht schlecht!", meint Dennis und sortiert die letzten Kiwis zurück in die Ablage. Und gerade als Sonja und Dennis mit ihrer Kontrolle fertig geworden sind (Nirgends haben sie fauliges Obst und Gemüse entdeckt!), kommt Frau Bertram zu ihnen und sagt: „Wenn ihr hier fertig seid, füllt ihr bitte als Nächstes das Tiefkühlregal mit Speiseeis auf. Morgen soll es ja wieder warm werden." Als Frau Bertram wieder gegangen ist, sagt Sonja zu Dennis: „Ich muss mal eben noch aufs Klo. Wir treffen uns beim Kühlraum, der sich gleich hier hinter der Wand befindet, vor der das Obst aufgebaut ist. Der Eingang ist aber ganz versteckt am rechten Ende der Fleischtheke. Wenn man es nicht weiß, fällt die Tür gar nicht auf. Bin in zwei Minuten da."

(39) Hier bist du beim Postshop gelandet. Dieser Bereich des Supermarkts wird aber in der Geschichte nicht erwähnt. Lies noch einmal an der letzten Stelle nach, an der du sicher richtig warst.

(40) Das ist der Backshop, der aber im Text nicht erwähnt wird. Lies noch einmal an der letzten Stelle nach, an der du sicher richtig warst.

Meine Lesespur:

1, ——, ——, ——, ——, ——, ——, ——, ——, ——, ——, ——, ——

Stefan Schäfer: Differenzierte Lesespurgeschichten Deutsch 9/10
© Auer Verlag

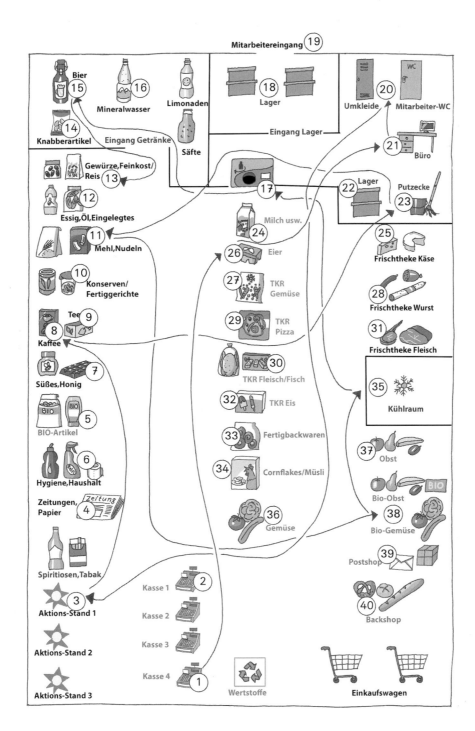

Meine Lesespur: 1, _26_ , _21_ , _20_ , _3_ , _8_ , _23_ , _11_ , _38_ , _35_ , _17_ , _15_ , _13_

Lösung zu (11): Ausgehend vom Kilopreis (5,49 €) ergibt sich ein Preis für 10 gr. von 0,0549 €. Eine 500-Gramm-Packung müsste also 50 x 0,0549 € (= 2,745 · gerundet 2,75 €), eine 330-Gramm-Packung 33 x 0,0549 € (= 1,8117 · gerundet 1,81 €) kosten. Das bedeutet, dass die 500-Gramm-Packung etwa 4 ct., die 330-Gramm-Packung schon 8 ct. teurer im Verhältnis zum Kilopreis ist. Die Geschichte geht also bei 38 weiter.

Lösung zu (15): 0,33 l = 330 ml; 330 ml x 5,1 / 100 = 16,83 ml, also etwa 17 ml. Die Geschichte geht also bei 13 weiter.

Erdgeschoss

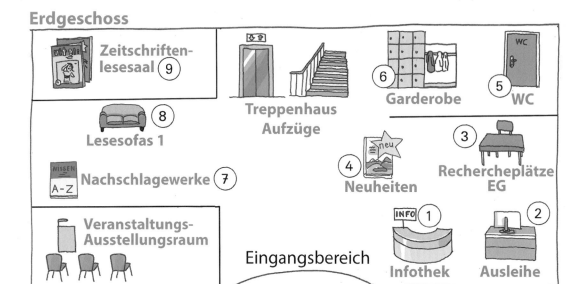

Zeitschriften-lesesaal ⑨

Lesesofas 1 ⑧

Nachschlagewerke ⑦

Treppenhaus Aufzüge

Neuheiten ④

Garderobe ⑥

Recherscheplätze EG ③

WC ⑤

Veranstaltungs-Ausstellungsraum

Eingangsbereich

Infothek ①

Ausleihe ②

1. Obergeschoss

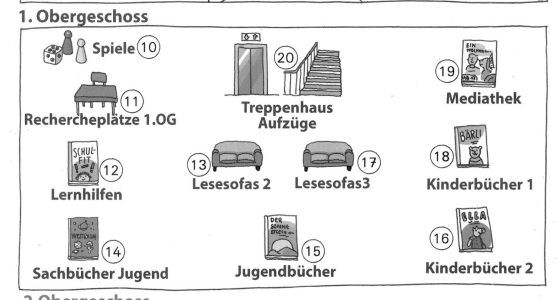

Spiele ⑩

Recherscheplätze 1.OG ⑪

Lernhilfen ⑫

Treppenhaus Aufzüge ⑳

Lesesofas 2 ⑬

Lesesofas3 ⑰

Mediathek ⑲

Kinderbücher 1 ⑱

Sachbücher Jugend ⑭

Jugendbücher ⑮

Kinderbücher 2 ⑯

2.Obergeschoss

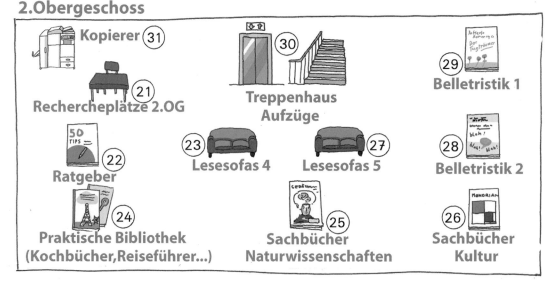

Kopierer ㉛

Recherscheplätze 2.OG ㉑

Ratgeber ㉒

Treppenhaus Aufzüge ㉚

Lesesofas 4 ㉓

Lesesofas 5 ㉗

Belletristik 1 ㉙

Belletristik 2 ㉘

Praktische Bibliothek (Kochbücher,Reiseführer...) ㉔

Sachbücher Naturwissenschaften ㉕

Sachbücher Kultur ㉖

Stefan Schäfer: Differenzierte Lesespurgeschichten Deutsch 9/10
© Auer Vertag

Bibliotheksrecherche

Ilka und Ron wollen für den Deutschunterricht ein gemeinsames Referat zu Wolfgang Herrndorfs Roman „Tschick" vorbereiten. Weil sie sich aber nicht nur auf das Internet verlassen möchten und sie gerne auch einen kurzen Ausschnitt aus der Verfilmung von Fatih Akin zeigen möchten, gehen sie zusammen in die Stadtbibliothek.

Wenn du wissen willst, wie Ilka und Ron bei ihrer Recherche vorgehen und was sie alles finden, beginne bei 1 mit dem Lesen.

① An der Infothek gleich rechts vom Eingangsbereich lassen sich Ilka und Ron von einer Mitarbeiterin der Bibliothek erklären, wie man nach Büchern und Filmen sucht. „Wir haben gleich hier, sonst aber auch auf jeder Etage Rechercheplätze, an denen ihr über den PC nachschauen könnt, wo sich welche Bücher befinden. Einen Plan gebe ich euch gleich mit. Falls ihr Fragen habt, so könnt ihr jederzeit wiederkommen. Aber auch im 1. oder 2. Obergeschoss sind Mitarbeiter, die euch helfen." „Kostet das Ausleihen etwas?", will Ilka wissen. „Für Kinder- und Jugendliche ist die Ausleihe kostenlos. Wir brauchen dazu aber noch eine Unterschrift von euren Eltern. Die könnt ihr aber auch beim nächsten Mal mitbringen." Nachdem sich Ilka bedankt hat, sagt sie zu Ron: „Komm, wir legen jetzt unsere Jacken und Rucksäcke in der Garderobe ab." Die Garderobe liegt rechts neben dem Treppenhaus.

② Hier an der Ausleihe beantragt Ron einen Leseausweis, weil er ja neben dem Film auch noch ein Buch ausleihen will. Die Mitarbeiterin macht eine Kopie von seinem Personalausweis. Beim nächsten Besuch muss er dann noch eine Erklärung seiner Eltern mitbringen. Am Ende sind Ron und Ilka sehr zufrieden. „Hier gibt es wirklich einiges zu entdecken. Neben Büchern auch jede Menge Filme. Also ich komme bestimmt wieder", meint Ron. „Jetzt aber", sagt Ilka, „machen wir uns erst einmal an die Ausarbeitung unseres Referats!"

③ Die Rechercheplätze werden als Orientierungspunkt genannt, dort halten sich Ron und Ilka aber nicht auf. Lies noch einmal bei 29 nach, wo es für Ron und Ilka genau weitergeht.

(4) „So", sagt Ron zu Ilka, „von mir aus kann es jetzt losgehen. Schau mal, hier sind ja auch die Rechercheplätze, von denen die Frau vorher gesprochen hat. Wollen wir gleich nachsehen, was es alles zu 'Tschick' gibt?" „Das machen wir", sagt Ilka und setzt sich an einen PC. Sie gibt „Tschick" in das Suchfeld ein und klickt auf „suchen". Und dann staunen die beiden: „Wahnsinn", sagt Ron, „was die alles haben. Hoffentlich müssen wir das nicht alles lesen." „Quatsch", sagt Ilka, „schau genau hin, die haben ja allein fünf Mal das Buch und noch Hörbücher. Aber du, schau, da gibt es auch Lektürehilfen." „Ich finde, wir sollten uns zuerst um den Film kümmern", meint Ron, „hier im Plan ist gleich rechts neben dem Treppenhaus im 1. Obergeschoss die Mediathek eingezeichnet." „Das ist eine gute Idee", stimmt Ilka ihm zu.

(5) Das WC wird zwar in der Geschichte kurz erwähnt, aber das WC ist kein Ort der Lesespur. Lies noch einmal bei 6 nach, wo sich Ilka und Ron als Nächstes treffen.

(6) Richtig, hier verstauen Ilka und Ron ihre Jacken und Taschen in einem Schließfach. Während Ron noch kurz aufs WC geht, wartet Ilka bei den Regalen mit den Neuheiten, die sich direkt vor der Garderobe befinden.

(7) Genau, hier bei den Nachschlagewerken finden Ron und Ilka gleich das KLG und schlagen unter „Herrndorf" nach. „Also das", meint Ilka, „sollten wir uns auf jeden Fall kopieren." „Machst du das?", fragt Ron. „Dann kann ich noch die Lektürehilfe zurückbringen." „In Ordnung", sagt Ilka, „dann treffen wir uns wieder bei der Ausleihe rechts neben der Infothek. Den Film nehmen wir ja mit, und du wolltest ja auch unbedingt das Roadmovie-Buch haben." „Unbedingt", nickt Ron, „dann bis gleich bei der Ausleihe."

(8) Bei den Lesesofas im Zeitschriftenlesesaal bist du falsch. Lies noch einmal genau bei 29 nach, wo im Zeitschriftenlesesaal sich Ilka und Ron genau aufhalten.

(9) Der Zeitschriftenlesesaal wird zwar erwähnt, für die Zeitschriften selbst interessieren sich Ron und Ilka aber nicht. Lies noch einmal genau bei 29 nach, wo im Zeitschriftenlesesaal sich Ilka und Ron genau aufhalten.

(10) Die Spiele kommen in der Geschichte nicht vor. Lies noch einmal an der letzten Stelle nach, an der du sicher richtig warst.

Stefan Schäfer: Differenzierte Lesespurgeschichten Deutsch 9/10
© Auer Verlag

(11) Hier, bei den Rechercheplätzen im ersten Obergeschoss, geht es für Ilka und Ron weiter, richtig. Ron sucht noch einmal im Online-Katalog nach 'Tschick'. Ilka und Ron betrachten die Suchergebnisse nun genauer. „Hier", sagt Ron, „schau: Unter der Signatur LERN2014TSCH gibt es ein Buch mit einer Inhaltsangabe, Textanalyse und Interpretation. Das würde mich interessieren." „Und ich würde dann einmal in den Lektüreschlüssel mit der Signatur JUG2018TSCH schauen", sagt Ilka. „Na", erwidert Ron, „dann müssen wir ja nur noch herausfinden, wo die Bücher stehen. Wo hat die Bibliotheksmitarbeiterin gesagt, dass die Signaturenliste hängt?" „Bei den Aufzügen", antwortet Ilka, „lass uns gleich einmal nachsehen."

(12) Der Bibliotheksbereich Lernhilfen wird im Text zwar erwähnt (dort steht das Buch mit der Signatur LERN2014TSCH, das sich Ron ansehen will), die Handlung wird dort aber nicht fortgesetzt. Lies noch einmal bei 20 nach, wo es mit der Geschichte weitergeht.

(13) Richtig, hier sind die Lesesofas vor dem Bereich Lernhilfen. Hier treffen sich Ron und Ilka, um die Bücher, die sie gefunden haben, durchzusehen. Nach etwa zehn Minuten meint Ilka: „Also dieses Buch hier bringt uns nicht so viel. Das ist sicher hilfreich, wenn man den Roman im Unterricht liest und eine Klassenarbeit schreiben muss. Aber nicht für ein Referat." „Also hier", meint Ron, „ist auch viel, was wir nicht brauchen können. Aber die Zusammenfassung des Inhalts ist schon gut, an der kann man sich orientieren. Und dann ist hier auch eine gute Grafik zu den Figuren, die könnte man vielleicht zeigen." Und nun schaut auch Ilka in das Buch und stimmt Ron zu. „Glaubst du", fragt sie, „wir sollten das Buch ausleihen?" „Ach", meint Ron, „das ist nicht nötig, die paar Seiten können wir auch kopieren. Ich habe vorhin auf dem Plan gesehen, dass im 2. Obergeschoss links von der Treppe Kopierer stehen. Lass uns doch schnell Kopien machen." Damit ist Ilka einverstanden.

(14) Die Jugendsachbuch-Abteilung wird im Text nicht erwähnt. Lies noch einmal an der letzten Stelle nach, an der du sicher richtig warst.

(15) Der Bereich Jugendbücher wird in der Geschichte zwar erwähnt (dort steht das Buch mit der Signatur JUG2018TSCH, für das sich Ilka interessiert), die Handlung wird dort aber nicht fortgesetzt. Lies noch einmal bei 20 nach, wo es mit der Geschichte weitergeht.

(16) Die Kinderbuch-Abteilung 2 wird im Text nicht erwähnt. Lies noch einmal an der letzten Stelle nach, an der du sicher richtig warst.

(17) Diese Lesesofa-Gruppe spielt in der Geschichte keine Rolle. Lies noch einmal bei 20 nach, wo genau sich Ron und Ilka treffen.

(18) Die Kinderbuch-Abteilung 1 wird im Text nicht erwähnt. Lies noch einmal an der letzten Stelle nach, an der du sicher richtig warst.

⑲ Genau, zur Mediathek gehen Ilka und Ron als Nächstes. Auch hier steht eine Mitarbeiterin für Auskünfte zur Verfügung. „Wir würden gerne den Film 'Tschick' ausleihen", sagt Ron zu der Bibliotheksmitarbeiterin, „geht das?" „Ja, klar, habt ihr denn die Signatur?" „Nein", meint Ron, „wo finden wir die denn?" „Das zeige ich euch, kein Problem. Schaut her." Und dann gibt die Mitarbeiterin noch einmal „Tschick" in ihrem PC ein. Wieder erscheint die lange Trefferliste. „Hier diese Buchstaben-Zahlen-Folge ist die sogenannte Signatur. Mit ihrer Hilfe kann man sehen, wo genau das Buch oder der Film in unserer Bibliothek aufgestellt ist. Das sieht am Anfang vielleicht kompliziert aus, man kommt aber schnell damit zurecht." „Und wie geht das?", fragt Ilka nach. „Seht, hier bei 'Tschick' ist die Signatur MED2016TSCH. 'MED' heißt, dass sich der Titel in der Mediathek befindet, '2016' heißt, dass der Titel im Jahr 2016 angeschafft worden ist. Und 'TSCH' sind einfach die ersten Buchstaben des Titels. Dort neben den Aufzügen an der Wand seht ihr die Signaturenliste." Und dann sucht die Mitarbeiterin die DVD heraus und gibt sie Ron, der sich bedankt. „Komm", sagt Ilka, „gehen wir zu den Rechercheplätzen in diesem Stockwerk und sehen uns noch einmal die Trefferliste und die Signaturen genauer an."

⑳ Richtig, hier gleich neben den Aufzügen hängt die Signaturenliste. Hier finden Ilka und Ron heraus, wo ihre Bücher stehen. Ron sucht die Signatur LERN2014TSCH und muss zu den Lernhilfen, Ilka sucht die Signatur JUG2018TSCH und muss bei den Jugendbüchern nachsehen. „Was hältst du davon", schlägt Ron vor, „wenn wir uns gleich da vorne bei den Lesesofas vor dem Bereich der Lernhilfen treffen? Dann können wir unsere Bücher durchschauen und entscheiden, wie es weitergeht." Damit ist Ilka einverstanden.

㉑ An einem der Rechercheplätze lässt sich Ron nieder und sucht nach „Roadmovie". Und er wird fündig. „Hier", sagt er zu Ilka, „die haben wirklich was: 'Roadmovies', Signatur SACHKU2006ROAD. Hast du etwas dagegen, wenn ich da einmal reinschaue?" „Quatsch, warum sollte ich, ich komm mit!" Ilka und Ron schauen nach, wo sie das Buch finden. „Super", sagt Ron, „das ist sogar hier oben im Bereich 'Sachbücher Kultur'." Und so machen sie sich auf den Weg in diesen Bereich, der von den Aufzügen aus gesehen ganz hinten links liegt. Doch bei den Lesesofas gegenüber vom Belletristikraum 2 ändert Ilka ihre Meinung. „Du Ron, das Buch über Roadmovies kannst du doch auch alleine holen, oder? Ich warte lieber hier bei den Lesesofas auf dich und blättere noch etwas in der Lektürehilfe, bis du zurück bist. Ist das ok für dich?" „Geht klar!", sagt Ron.

㉒ Die Ratgeber-Abteilung wird im Text nicht erwähnt. Lies noch einmal an der letzten Stelle nach, an der du sicher richtig warst.

㉓ Diese Lesesofa-Gruppe spielt in der Geschichte keine Rolle. Lies noch einmal bei 21 nach, wo genau sich Ron und Ilka treffen.

Stefan Schäfer: Differenzierte Lesespurgeschichten Deutsch 9/10
© Auer Verlag

(24) Genau, hier in der Praktischen Bibliothek geht es weiter. Ron hatte die Idee, ob man nicht eine Karte der Walachei, wohin Mark und Tschick ja eigentlich fahren wollen, besorgen sollte. In einem Rumänien-Reiseführer findet Ron auch eine Karte, aber Ilka meint: „Ich weiß nicht, Ron, die kommen da ja gar nicht hin. Wäre nicht eigentlich eine Karte von Brandenburg wichtiger. Ich meine, da fahren die beiden doch schließlich wirklich herum?" „Ja", stimmt Ron zu, „das stimmt schon. In der Lektürehilfe da steht aber auch, dass die Route, die sie fahren, gar nicht genau zu festzustellen ist. Und dass Brandenburg das Land um Berlin herum ist, weiß man doch auch so." „Auch wieder wahr", sagt Ilka. „Aber weißt du, was schon noch gut wäre? Wenn wir noch einen Lexikonartikel über Herrndorf hätten, mit verlässlichen Angaben zu anderen Büchern und Preisen und so." „Ach", sagt Ron, „das finden wir doch alles im Internet!" „Stimmt", sagt Ilka, „aber jetzt sind wir schon einmal hier und dann wissen wir bei einem Lexikon sicher, dass die Angaben auch stimmen." Und so machen sich die beiden auf die Suche nach einer Mitarbeiterin der Bibliothek und finden auch jemanden vor dem Belletristikraum 1.

(25) Die naturwissenschaftliche Sachbuch-Abteilung wird im Text nicht erwähnt. Lies noch einmal an der letzten Stelle nach, an der du sicher richtig warst.

(26) Hier im Bereich „Sachbücher Kultur" holt sich Ron das Buch „Roadmovies" mit der Signatur SACHKU2006ROAD. Lies noch einmal bei 21 nach, wo es für Ron und Ilka genau weitergeht.

(27) Genau, hier bei den Lesesofas vor dem Belletristikraum 2 wartet Ilka auf Ron, der etwas später begeistert erscheint. „Das Buch ist voll klasse!", ruft er. „Ist etwas für uns dabei?", fragt Ilka gespannt. „Das eher nicht", gibt Ron zu, „aber da sind echt gute Filme beschrieben. Ich nehme das Buch auf jeden Fall mit." „Ich habe auch etwas herausgefunden. Hier in den biografischen Angaben zu Wolfgang Herrndorf. Weißt du eigentlich, wer die Frau von Herrndorf war und was sie gemacht hat?"

Wenn du wissen willst, wer die Ehefrau von Wolfgang Herrndorf war und wie der Titel ihrer Romanfassung einer bekannten Filmreihe heißt, dann suche hier im Wortgitter (senkrecht und waagerecht). Kleiner Tipp: Je ein Buchstabe aus dem Namen der Filmreihe (der zugleich ein Pferdename ist) kommt auch im Vor- und im Nachnamen der Frau vor.

C	A	R	O	L	A	V	M
A	P	W	S	X	K	C	K
Y	I	V	T	Y	J	Q	L
X	U	Z	W	V	H	W	P
C	Z	W	I	M	M	E	R
V	H	Y	N	C	G	S	Z
B	N	X	D	H	F	D	T

_____ ist die Autorin der Romanfassung der

_____-Filme.

Zähle alle Buchstaben des Vor- und Nachnamens der gesuchten Kinderbuchautorin und multipliziere diese Zahl mit 2. Das ist Nummer, an der es weitergeht.

㉘ Der Belletristikraum 2 wird im Text erwähnt. Ilka und Ron halten sich dort aber nicht auf. Lies noch einmal bei 21 nach, wo es für Ron und Ilka genau weitergeht.

㉙ „Klar", sagt der Mitarbeiter, den Ron und Ilka vor dem Belletristikraum 1 treffen, „haben wir Literaturlexika. Die stehen bei den allgemeinen Nachschlagewerken im Erdgeschoss. Ihr findet sie an der linken Wand hinter dem Eingang zum Zeitschriftenlesesaal. Ihr findet das schon, sonst fragt noch einmal. Was sucht ihr denn genau?" „Wir hätten gerne sichere Informationen zum Autor Wolfgang Herrndorf", erklärt Ilka. „Da würde ich es einmal mit dem 'KLG', dem 'Kritischen Lexikon zur deutschsprachigen Gegenwartsliteratur', versuchen. Das erkennt ihr gleich. Das sind kleine, rote Aktenordner." Ilka und Ron bedanken sich für die freundliche Auskunft und machen sich auf den Weg.

㉚ Die Treppe im 2. Obergeschoss wird zwar im Text erwähnt, aber nur zur Orientierung. Lies noch einmal bei 13 nach, wo genau es für Ron und Ilka weitergeht.

㉛ Hier bei den Kopierern macht Ron die Kopien der interessanten Seiten aus der Lektürehilfe zu „Tschick", während sich Ilka die DVD-Hülle genauer ansieht: „Du, hier heißt es, dass Fatih Akin mit der Verfilmung von 'Tschick' 'das perfekte Roadmovie' gelungen ist. Weißt du, was ein Roadmovie genau ist?" „Nö", gibt Ron zu. „Aber ich bin jetzt hier fertig und hier gegenüber sind ja wieder Rechercheplätze. Wir können ja einfach einmal schauen, ob es dazu was gibt."

Meine Lesespur:

1, _____, _____, _____, _____, _____, _____, _____, _____, _____, _____, _____, _____,

Stefan Schäfer: Differenzierte Lesespurgeschichten Deutsch 9/10
© Auer Verlag

Bibliotheksrecherche

Ilka und Ron wollen für den Deutschunterricht ein gemeinsames Referat zu Wolfgang Herrndorfs Jugendroman „Tschick" aus dem Jahr 2010 vorbereiten. Weil sie sich zum einen nicht nur auf Quellen aus dem Internet verlassen möchten und sie zum anderen während des Referats gerne auch einen kurzen Ausschnitt aus der Verfilmung des Romans von Fatih Akin aus dem Jahr 2016 zeigen möchten, beschließen sie, gemeinsam in die Stadtbibliothek zu gehen.

Wenn du wissen willst, wie Ilka und Ron bei ihrer Recherche vorgehen und was sie alles finden, beginne bei 1 mit dem Lesen.

(1) An der Infothek gleich rechts vom Eingangsbereich lassen sich Ilka und Ron von einer Bibliotheksmitarbeiterin erklären, wie man in der Bibliothek nach Medien recherchiert und sich Sachen ausleiht. „Wir haben gleich hier, sonst aber auch auf jeder Etage PC-Rechercheplätze, an denen ihr im Online-Katalog unserer Bibliothek nachschauen könnt, wo sich welche Bücher befinden. Einen Plan gebe ich euch gleich mit. Falls ihr Fragen habt, könnt ihr jederzeit wiederkommen. Aber auch im ersten oder zweiten Obergeschoss sind Mitarbeiter, die euch gerne helfen." „Kostet die Ausleihe dann etwas?", will Ilka wissen. „Für Kinder- und Jugendliche ist die Ausleihe in unserer Stadt kostenlos. Wir brauchen dazu aber noch eine Unterschrift der Eltern. Die könnt ihr dann aber auch nachreichen." Nachdem sich Ilka bedankt hat, sagt sie zu Ron: „Komm, wir hängen jetzt erst einmal unsere Jacken auf und deponieren unsere Rucksäcke in der Garderobe." Die Garderobe liegt rechts neben dem Treppenhaus.

(2) Hier an der Ausleihtheke erledigen Ron und Ilka die Formalitäten, um den Film und das Buch ausleihen zu können. Weil Ron ja auch das Roadmoviebuch ausleihen möchte, beantragt er einen Leseausweis. Dazu wird sein Personalausweis kopiert, damit die Bibliothek eine Sicherheit hat. Beim nächsten Besuch muss er außerdem eine von seinen Eltern unterschriebene Erklärung mitbringen. Trotz des Papierkrams am Ende sind Ron und Ilka sehr zufrieden. „Hier gibt es wirklich einiges zu entdecken", sagt Ron, „und neben Büchern auch jede Menge Filme. Also ich komme bestimmt wieder." „Jetzt aber", sagt Ilka, „machen wir uns erst einmal an die Ausarbeitung unseres Referats!"

(3) Die PC-Rechercheplätze im Erdgeschoss werden als Orientierungspunkt genannt, dort halten sich Ron und Ilka aber nicht auf. Lies noch einmal bei 29 nach, wo es für Ron und Ilka genau weitergeht.

(4) „So", sagt Ron zu Ilka, „meinetwegen kann es jetzt losgehen. Schau mal, hier Richtung Ausleihtheke sind ja auch die PC-Rechercheplätze, von denen die Bibliotheksmitarbeiterin an der Infothek vorher gesprochen hat. Wollen wir gleich einmal nachsehen, was es alles zu 'Tschick' gibt?" „Das machen wir", sagt Ilka und setzt sich an einen freien PC. Sie gibt „Tschick" in das Stichwortsuchfeld ein und klickt auf „suchen". Und dann staunen die beiden: „Wahnsinn", sagt Ron, „was die hier alles haben. Hoffentlich müssen wir das nicht alles lesen." „Quatsch", sagt Ilka, „schau genau hin, die haben ja allein fünf Buchausgaben und noch vier Hörbücher. Aber du, schau, da gibt auch einige Lektürehilfen." „Ich finde aber, wir sollten uns zuerst um den Film kümmern", meint Ron, „hier im Plan ist gleich rechts neben dem Treppenhaus im ersten Obergeschoss die Mediathek eingezeichnet." „Das ist eine gute Idee", stimmt Ilka ihm zu.

(5) Das WC wird zwar in der Geschichte kurz erwähnt, aber das WC ist kein Ort der Lesespur. Lies noch einmal bei 6 nach, wo sich Ilka und Ron als Nächstes treffen.

Stefan Schäfer: Differenzierte Lesespurgeschichten Deutsch 9/10
© Auer Verlag

(6) Richtig, hier hängen Ilka und Ron ihre Jacken auf und deponieren ihre Taschen in einem Schließfach. Während Ron noch kurz aufs WC geht, wartet Ilka bei den Regalen mit den Neuheiten, die sich direkt vor der Garderobe befinden.

(7) Genau, hier bei den Nachschlagewerken finden Ron und Ilka gleich das KLG und schlagen unter dem Stichwort „Herrndorf" nach. „Also das", meint Ilka, „sollten wir uns auf jeden Fall kopieren." „Machst du das?", fragt Ron. „Dann kann ich noch den Interpretationsband zurückbringen." „In Ordnung", sagt Ilka, „dann treffen wir wieder bei der Ausleihe rechts neben der Infothek. Den Film nehmen wir ja mit, und du wolltest auch unbedingt das Roadmoviebuch haben." „Unbedingt", nickt Ron, „dann bis gleich bei der Ausleihe."

(8) Bei den Lesesofas im Zeitschriftenlesesaal bist du falsch. Lies noch einmal genau bei 29 nach, wo im Zeitschriftenlesesaal sich Ilka und Ron genau aufhalten.

(9) Der Zeitschriftenlesesaal wird zwar erwähnt, für die Zeitschriften selbst interessieren sich Ron und Ilka aber nicht. Lies noch einmal genau bei 29 nach, wo im Zeitschriftenlesesaal sich Ilka und Ron genau aufhalten.

(10) Die Spiele kommen in der Geschichte nicht vor. Lies noch einmal an der letzten Stelle nach, an der du sicher richtig warst.

(11) Hier, bei den Rechercheplätzen im ersten Obergeschoss, geht es für Ilka und Ron weiter, richtig. Ron sucht noch einmal mithilfe der Schlagwortsuche im Bibliothekskatalog nach „Tschick". Ilka und Ron betrachten die Suchergebnisse nun genauer. „Hier", sagt Ron, „schau: Unter der Signatur LERN2014TSCH gibt es ein Buch mit einer Inhaltsangabe, Textanalyse und Interpretation. Das würde mich interessieren." „Und ich würde dann einmal in den Lektüreschlüssel mit der Signatur JUG2018TSCH schauen", sagt Ilka. „Na", erwidert Ron, „dann müssen wir ja nur noch herausfinden, wo die Bücher stehen. Wo hat die Bibliotheksmitarbeiterin gesagt, dass das Signaturenverzeichnis hängt?" „Bei den Aufzügen", antwortet Ilka, „lass uns gleich einmal nachsehen."

(12) Der Bibliotheksbereich Lernhilfen wird im Text zwar erwähnt (dort steht der Interpretationsband mit der Signatur LERN2014TSCH, den sich Ron ansehen will), die Handlung wird dort aber nicht fortgesetzt. Lies noch einmal bei 20 nach, wo es mit der Geschichte weitergeht.

(13) Richtig, hier sind die Lesesofas vor dem Bibliotheksbereich Lernhilfen. Hier treffen sich Ron und Ilka, nachdem beide die von ihnen gesuchten Bücher gefunden haben, um sie nun durchzusehen. Nach etwa zehn Minuten meint Ilka: „Also dieser Lektüreschlüssel hier bringt uns nicht so viel. Der ist sicher hilfreich, wenn man den Roman im Unterricht liest und dazu eine Klassenarbeit schreiben muss. Aber für ein Referat ist nichts dabei." „Also hier", meint Ron, „ist zwar auch einiges, das wir nicht brauchen können. Aber die Inhaltszusammenfassung ist schon gut, an der kann man sich orientieren. Und dann ist hier auch eine gute Grafik zu den Figuren und ihren Beziehungen, die könnte man vielleicht zeigen." Und nun schaut auch Ilka in das Buch und stimmt Ron zu. „Glaubst du", fragt sie, wir sollten das Buch ausleihen?" „Ach", meint Ron, „das wird nicht nötig sein. Die paar Seiten können wir auch kopieren. Ich habe vorhin auf dem Plan gesehen, dass im zweiten Obergeschosse links von der Treppe Kopierer stehen. Lass uns doch schnell Kopien machen." Damit ist Ilka einverstanden.

(14) Die Jugendsachbuch-Abteilung wird im Text nicht erwähnt. Lies noch einmal an der letzten Stelle nach, an der du sicher richtig warst.

Stefan Schäfer: Differenzierte Lesespurgeschichten Deutsch 9/10
© Auer Verlag

(15) Der Bibliotheksbereich Jugendbücher wird in der Geschichte zwar erwähnt (dort steht der Lektüreschlüssel mit der Signatur JUG2018TSCH, in den Ilka gerne hineinschauen möchte), die Handlung wird dort aber nicht fortgesetzt. Lies noch einmal bei 20 nach, wo es mit der Geschichte weitergeht.

(16) Die Kinderbuch-Abteilung 2 wird im Text nicht erwähnt. Lies noch einmal an der letzten Stelle nach, an der du sicher richtig warst.

(17) Diese Lesesofa-Gruppe spielt in der Geschichte keine Rolle. Lies noch einmal bei 20 nach, wo genau sich Ron und Ilka treffen.

(18) Die Kinderbuch-Abteilung 1 wird im Text nicht erwähnt. Lies noch einmal an der letzten Stelle nach, an der du sicher richtig warst.

(19) Genau, zur Mediathek gehen Ilka und Ron als Nächstes. Auch hier steht eine Mitarbeiterin für Auskünfte zur Verfügung. „Wir würden gerne den Film 'Tschick' ausleihen", sagt Ron zu der Bibliotheksmitarbeiterin, „geht das?" „Ja, klar, habt ihr denn die Signatur?" „Nein", meint Ron, „wo finden wir denn die?" „Das zeige ich euch, kein Problem. Schaut her." Und dann gibt die Bibliotheksmitarbeiterin noch einmal „Tschick" in ihrem PC ein. Wieder erscheint die lange Trefferliste. „Hier diese Buchstaben-Zahlen-Folge ist die sogenannte Signatur. Mithilfe der Signatur kann man sehen, wo genau das Buch oder der Film in unserer Bibliothek aufgestellt ist. Das sieht am Anfang vielleicht kompliziert aus, man findet sich aber recht schnell damit zurecht." „Und wie geht das?", fragt Ilka nach. „Seht, hier bei 'Tschick' ist die Signatur MED2016TSCH. 'MED' heißt, dass sich der Titel in der Mediathek befindet, '2016' heißt, dass der Titel im Jahr 2016 angeschafft worden ist. Und 'TSCH' sind einfach die ersten Buchstaben des ersten Inhaltswortes des Titels. Dort neben den Aufzügen an der Wand seht ihr das Signaturenverzeichnis." „Was sind denn Inhaltswörter?", fragt Ilka nach. „Das sind Wörter mit richtiger Bedeutung, also vor allem keine kleinen Wörter wie Artikel und so." „Verstehe", sagt Ilka. Und dann sucht die Bibliotheksmitarbeiterin die DVD heraus und gibt sie Ron, der sich bedankt. „Komm", sagt Ilka, „gehen wir zu den Rechercheplätzen auf dieser Etage und sehen uns noch einmal die Trefferliste und die Signaturen genauer an."

(20) Richtig, hier gleich neben den Aufzügen hängt das Signaturenverzeichnis. Hier finden Ilka und Ron heraus, wo die von ihnen gesuchten Titel jeweils stehen. Ron sucht die Signatur LERN2014TSCH und muss zu den Lernhilfen, Ilka sucht die Signatur JUG2018TSCH und muss bei den Jugendbüchern nachsehen. „Was hältst du davon", schlägt Ron vor, „wenn wir uns gleich da vorne bei den Lesesofas vor dem Bereich der Lernhilfen treffen? Dann können wir in unseren Büchern schmökern und entscheiden, wie es weitergeht." Damit ist Ilka einverstanden.

(21) An einem der Rechercheplätze lässt sich Ron nieder und sucht im Online-Katalog nach „Roadmovie" und wird tatsächlich fündig. „Hier", sagt er zu Ilka, „die haben tatsächlich etwas: 'Roadmovies', Signatur SACHKU2006ROAD. Hast du etwas dagegen, wenn ich da einmal reinschaue?" „Quatsch, warum sollte ich, ich komm mit!" Ilka und Ron schauen wieder im Signaturenverzeichnis nach, wo sie das Buch finden. „Super", sagt Ron, „das ist sogar hier oben im Bereich 'Sachbücher Kultur'." Und so machen sich Ilka und Ron auf den Weg in diesen Bibliotheksbereich, der von den Aufzügen aus gesehen ganz hinten links liegt. Doch bei den Lesesofas gegenüber dem Belletristikraum 2 ändert Ilka ihre Meinung. „Du Ron, das Buch über Roadmovies kannst du doch auch allein holen, oder? Ich warte lieber hier bei den Lesesofas auf dich und blättere noch etwas in dem Interpretationsband, bis du zurück bist. Ist das in Ordnung für dich?" „Geht klar!", sagt Ron und lässt Ilka bei den Lesesofas zurück.

22) Die Ratgeber-Abteilung wird im Text nicht erwähnt. Lies noch einmal an der letzten Stelle nach, an der du sicher richtig warst.

23) Diese Lesesofa-Gruppe spielt in der Geschichte keine Rolle. Lies noch einmal bei 21 nach, wo genau sich Ron und Ilka treffen.

24) Genau, hier in der praktischen Bibliothek geht es weiter, denn Ron hatte die Idee, ob man nicht eine Karte der Walachei, wohin Mark und Tschick ja eigentlich fahren wollen, besorgen sollte. In einem Rumänien-Reiseführer findet Ron auch eine Karte, aber Ilka gibt zu bedenken: „Ich weiß nicht, Ron, die kommen da ja gar nicht hin. Wäre nicht eigentlich eine Karte von Brandenburg wichtiger. Ich meine, da fahren die beiden doch schließlich wirklich herum?" „Ja", stimmt Ron zu, „das stimmt schon. In dem Interpretationsband steht aber auch, dass die Route, die sie fahren, gar nicht genau zu rekonstruieren ist. Und ich meine, dass Brandenburg das Land um Berlin herum ist, weiß man doch auch so." „Auch wieder wahr", sagt Ilka. „Aber weißt du, was schon noch gut wäre? Wenn wir noch einen Lexikonartikel über Herrndorf hätten, mit verlässlichen Angaben zu anderen Büchern und Preisen und so." „Ach", sagt Ron, „das finden wir doch alles im Internet!" „Stimmt", sagt Ilka, „aber erstens sind wir nun schon einmal hier und zweitens wissen wir bei einem Lexikon sicher, dass die Angaben auch stimmen." Und so machen sich die beiden auf die Suche nach einer Bibliotheksmitarbeiterin und finden auch jemanden vor dem Belletristikraum 1.

25) Die naturwissenschaftliche Sachbuch-Abteilung wird im Text nicht erwähnt. Lies noch einmal an der letzten Stelle nach, an der du sicher richtig warst.

26) Hier im Bereich „Sachbücher Kultur" holt sich Ron das Buch „Roadmovies" mit der Signatur SACHKU2006ROAD. Lies noch einmal bei 21 nach, wo es für Ron und Ilka genau weitergeht.

27) Genau, hier bei den Lesesofas vor dem Belletristikraum 2 wartet Ilka auf Ron, der auch nach einer Weile ganz begeistert erscheint. „Das Buch ist voll klasse!", ruft er viel zu laut für eine Bibliothek. „Ist etwas für uns dabei?", fragt Ilka gespannt, aber betont leise. „Das eher nicht", senkt nun auch Ron die Lautstärke, „aber da werden einige wirklich gute Filme beschrieben. Ich nehme das Buch auf jeden Fall mit." „Ich habe übrigens auch etwas Interessantes herausgefunden. Hier hinten am Buchende, in den biografischen Angaben zu Wolfgang Herrndorf. Weißt du eigentlich, wer die Frau von Herrndorf war und was sie gemacht hat?"

*** Wenn du wissen willst, wer die Ehefrau von Wolfgang Herrndorf war und wie der Titel ihrer Romanadaption einer bekannten Filmreihe lautet, dann suche hier im Wortgitter (senkrecht und waagerecht). Kleiner Tipp: Je ein Buchstabe aus dem Namen der Filmreihe kommt auch im Vor- und im Nachnamen der Frau vor.***

Stefan Schäfer: Differenzierte Lesespurgeschichten Deutsch 9/10
© Auer Verlag

Q	H	C	J	S	L	B	N
C	A	R	O	L	A	V	M
A	P	W	S	X	K	C	K
Y	I	V	T	Y	J	Q	L
X	U	Z	W	V	H	W	P
C	Z	W	I	M	M	E	R
V	H	Y	N	C	G	S	Z
B	N	X	D	H	F	D	T
N	B	L	S	J	C	H	Q

_____ ist die Autorin der Romanfassung der

_____ -Filme.

Zähle alle Buchstaben des Vor- und Nachnamens der gesuchten Kinderbuch-autorin und multipliziere diese Zahl mit 2. Das ist Nummer, an der es weitergeht.

(28) Der Belletristikraum 2 wird im Text als Orientierungspunkt erwähnt. Ilka und Ron halten sich dort aber nicht auf. Lies noch einmal bei 21 nach, wo es für Ron und Ilka genau weitergeht.

(29) „Klar", sagt der Bibliotheksmitarbeiter, den Ron und Ilka vor dem Belletristikraum 1 treffen, „haben wir Literaturlexika. Die stehen bei den allgemeinen Nachschlagewerken im Erdgeschoss. Die befinden sich an der linken Wand hinter dem Eingang zum Zeitschriftenlesesaal gegenüber den Rechercheplätzen unten. Ihr findet das schon, sonst fragt noch einmal. Was sucht ihr denn genau?" „Wir hätten gerne verlässliche Informationen zum Autor Wolfgang Herrndorf", erklärt Ilka. „Da würde ich es einmal mit dem ’KLG‘, dem ’Kritischen Lexikon zur deutschsprachigen Gegenwartsliteratur‘, versuchen. Das erkennt ihr gleich. Das sind kleine, rote Aktenordner." Ilka und Ron bedanken sich für die freundliche Auskunft und machen sich auf den Weg.

(30) Die Treppe im zweiten Obergeschoss wird zwar im Text erwähnt, ist aber nur Orientierungspunkt. Lies noch einmal bei 13 nach, wo genau es für Ron und Ilka weitergeht.

(31) Hier bei den Kopierern macht Ron die Kopien der interessanten Seiten aus dem Interpretationsband zu Herrndorfs „Tschick", während sich Ilka die DVD-Hülle etwas genauer ansieht: „Du, hier heißt es, dass Fatih Akin mit der Verfilmung von ’Tschick‘ ’das perfekte Roadmovie‘ gelungen sei. Weißt du, was ein Roadmovie genau ist?" „Nö", gibt Ron zu. „Aber ich bin jetzt hier fertig und hier gegenüber sind ja wieder PC-Rechercheplätze. Wir können ja spaßeshalber einmal schauen, ob es dazu was gibt."

Meine Lesespur:

1, ____, ____, ____, ____, ____, ____, ____, ____, ____, ____, ____, ____, ____

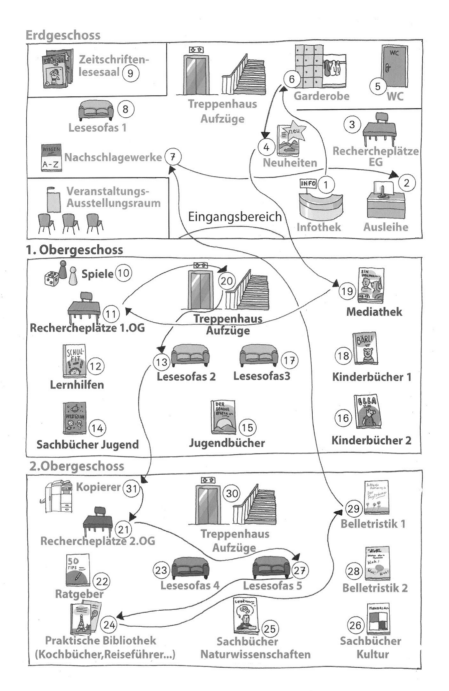

Meine Lesespur: 1, __6__ , __4__ , __19__ , __11__ , __20__ , __13__ , __31__ , __21__ , __27__ , __24__ , __29__ ,
__7__ , __2__

Lösung zu ㉗: Carola Wimmer ist die Autorin der Romanfassung der „Ostwind"-Filme. –
„Carola Wimmer" = 12 Buchstaben, 2 x 12 = 24; Die Geschichte geht also bei 24 weiter.

C	A	R	O	L	A	V	M
A	P	W	S	X	K	C	K
Y	I	V	T	Y	J	Q	L
X	U	Z	W	V	H	W	P
C	Z	W	I	M	M	E	R
V	H	Y	N	C	G	S	Z
B	N	X	D	H	F	D	T

Stefan Schäfer: Differenzierte Lesespurgeschichten Deutsch 9/10
© Auer Verlag

Ebene 1

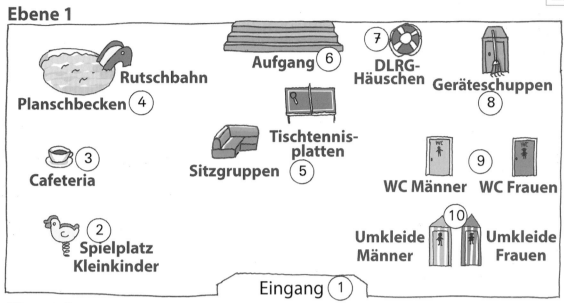

Rutschbahn

Aufgang ⑥

⑦ **DLRG-Häuschen**

Geräteschuppen ⑧

Planschbecken ④

Tischtennis-platten

Cafeteria ③

Sitzgruppen ⑤

WC Männer ⑨ **WC Frauen**

② **Spielplatz Kleinkinder**

⑩ **Umkleide Männer** **Umkleide Frauen**

Eingang ①

Ebene 2

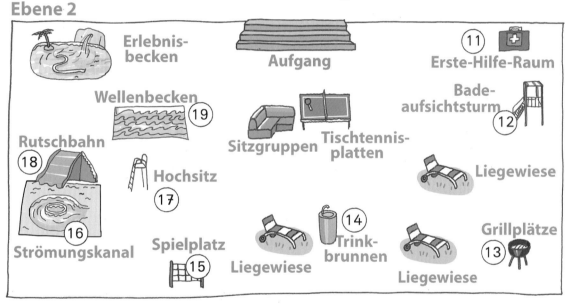

Erlebnis-becken

Aufgang

⑪ **Erste-Hilfe-Raum**

Wellenbecken ⑲

Sitzgruppen **Tischtennis-platten**

Bade-aufsichtsturm ⑫

Rutschbahn ⑱

Hochsitz ⑰

Liegewiese

⑯ **Strömungskanal**

Spielplatz ⑮

Liegewiese

⑭ **Trink-brunnen**

Grillplätze ⑬

Liegewiese

Ebene 3

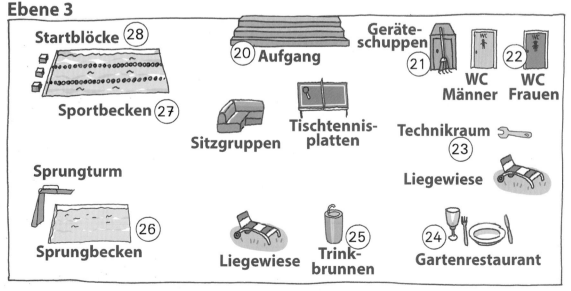

Startblöcke ㉘

Geräte-schuppen ㉑

⑳ **Aufgang**

WC Männer ㉒ **WC Frauen**

Sportbecken ㉗

Sitzgruppen **Tischtennis-platten**

Technikraum ㉓

Sprungturm

Liegewiese

Sprungbecken ㉖

Liegewiese **Trink-brunnen** ㉕

㉔ **Gartenrestaurant**

Stefan Schäfer: Differenzierte Lesespurgeschichten Deutsch 9/10
© Auer Verlag

Badeaufsicht im Terrassenbad

Katinka ist beim DLRG (Deutsche Lebens-Rettungs-Gesellschaft) schon seit zehn Jahren Mitglied. Mittlerweise ist sie eine tolle Rettungsschwimmerin. Seit sie 14 Jahre alt ist, hat sie das Rettungsschwimmabzeichen Silber. Und wenn sie 16 ist, will Katinka auch das Rettungsschwimmabzeichen Gold machen. Weil Katinka noch zu jung ist, darf sie noch nicht allein Badeaufsicht führen, im Terrassenbad freuen sich aber alle Bademeister, wenn Katinka ihnen an den heißen Sommerwochenenden hilft. Auch heute Nachmittag will sie helfen.

Wenn du wissen willst, was Katinka am Samstagnachmittag bei der Badeaufsicht im Terrassenbad alles erlebt, beginne bei 1 mit dem Lesen.

① Mittags kommt Katinka am Eingang des Terrassenbades an. An der Kasse arbeitet heute Frau Böhler. Sie begrüßt Katinka: „Hallo Katinka! Na, hilfst du heute wieder mit?" Katinka muss natürlich keinen Eintritt bezahlen. Weil sie ab und zu aushilft, hat sie jederzeit freien Eintritt. Und für das DLRG-Training hat sie natürlich eine Trainingskarte. Damit kann sie auch zwischen 20 und 22 Uhr in das Bad, wenn Training ist. „Hallo Frau Böhler", sagt Katinka, „ja, ich helfe heute wieder. Bei dem Wetter wird es sicher voll!" Von der Kasse aus geht Katinka zwischen den Tischtennisplatten und dem Sanitärbereich Richtung Aufgang. Dort, ganz hinten rechts, hat der DLRG ein kleines Häuschen.

② Der Spielplatz für Kleinkinder wird im Text als Orientierungspunkt erwähnt. Lies noch einmal bei 28 nach, wohin Katinka genau geht.

③ Richtig, das ist die Cafeteria, in der sich Katinka nach ihrem Dienst einen Kaffee und ein Stück Pflaumenkuchen gönnt. Schließlich braucht sie nachher Kraft für das Training: Das Rettungsschwimmabzeichen Gold ist so einfach nämlich nicht zu bestehen!

④ Genau, hier am Planschbecken löst Katinka Benjamin ab. Dass Katinka das Planschbecken allein beaufsichtigen darf, hat einen besonderen Grund: Eigentlich müssen nämlich am Planschbecken die Eltern ihre Kinder beaufsichtigen. Wenn das Bad aber voll ist, setzt Herr Löffler meistens trotzdem noch jemanden zur Sicherheit ein. Die Beobachtung von spielenden Kindern ist nämlich ganz schön anstrengend, und die Eltern wollen sich oft auch untereinander unterhalten und achten dann nicht immer auf ihre Kinder. Und tatsächlich sieht Katinka jetzt ein Kind mit dem Gesicht auf dem Wasser liegen! Sofort springt sie zu dem Kind, doch zum Glück ist es falscher Alarm. „Ich bin Indianer und tauche", sagt der kleine Junge. „Ich kann sogar noch viel länger tauchen, bestimmt 'ne ganze Stunde oder so!" „Super", kann Katinka gerade noch loben, da läutet ihr Handy. Herr Löffler ist dran. „Katinka, kannst du schnell zum Sprungbecken kommen, es gab einen kleinen Unfall!" „Mach ich", sagt Katinka. Das Sprungbecken befindet sich auf Ebene 3 und liegt, vom Aufgang aus gesehen rechts hinten.

Stefan Schäfer: Differenzierte Lesespurgeschichten Deutsch 9/10
© Auer Verlag

⑤ Die Tischtennisplatten hinter dem Eingangsbereich auf Ebene 1 werden im Text zwar erwähnt, aber nur als Orientierungspunkt. Lies noch einmal bei 1 nach, wohin Katinka genau geht.

⑥ Hier bist du falsch, der Aufgang wird im Text nur als Orientierungspunkt erwähnt. Lies noch einmal an der letzten Stelle nach, an der du sicher richtig warst.

⑦ Hier bist du richtig. Im DLRG-Häuschen gibt es nicht nur einen Unterrichtsraum und eine Umkleide, sondern auch ein kleines Lager, in der die DLRG-Gruppe Ausrüstung (wie Rettungsgerät, Erste-Hilfe-Koffer oder die Übungspuppe für die Herzdruckmassage) aufbewahrt. Hier zieht Katinka ein rotes DLRG-T-Shirt an, auf dem in gelben Buchstaben ihr Name steht. Außerdem eine kurze rote Hose. So erkennt sie jeder als Rettungsschwimmerin. Dann geht Katinka zum Badeaufsichtsturm, der sich auf Ebene 2 direkt neben dem Aufgang gegenüber des Erlebnisbeckens befindet. Katinka muss also nur die Treppe hoch.

⑧ Der Geräteschuppen der Ebene 1 wird im Text nirgends erwähnt. Lies am besten noch einmal an der letzten Stelle nach, an der du sicher richtig warst.

⑨ Der Sanitärbereich wird im Text nur als Orientierungspunkt erwähnt. Lies noch einmal bei 1 nach, wohin Katinka genau geht.

⑩ Die Umkleidekabinen spielen nur im Zusammenhang mit dem Schließfachschlüssel in 28 eine Rolle. Lies bei 28 noch einmal genau nach.

⑪ Im Erste-Hilfe-Raum soll sich Tom auf die Liege setzen. Obwohl Tom schon wieder ganz gut laufen kann und kaum mehr Schmerzen hat, sagt Katinka: „Jetzt, wo wir schon da sind, verarzte ich dich auch." Und dann reinigt Katinka Toms Knie und macht anschließend ein großes Pflaster auf Toms Schürfwunde. „So, Tom, jetzt kannst du wieder zu deinen Freunden!" „Danke!", sagt Tom und rennt davon. Katinka schmunzelt über die Wunderheilung und ruft Herrn Löffler an: „Herr Löffler, den Jungen habe ich versorgt. Soll ich wieder ans Planschbecken?" „Nein", meint Herr Löffler, „dort ist Benjamin jetzt. Es wäre gut, wenn du Madeleine auf der Rutschbahn ablösen könntest." Die Badeaufseher wechseln sich immer wieder ab, weil man sich dann besser konzentrieren kann. „In Ordnung", sagt Katinka und macht sich auf den Weg zum schräg gegenüber dem Erste-Hilfe-Raum gelegenen Erlebnisbecken, an dem ja auch die große Rutschbahn ist.

⑫ Der Turm der Badeaufsicht hat drei Stockwerke, aber nur eine kleine Grundfläche. Unten ist ein kleines Büro, darüber ein Ruheraum und darüber ein Aussichtsraum mit einem Rundumbalkon. Von hier aus kann man nicht nur Ebene 2 sehen, sondern auch auf die Ebenen 1 und 3 des Terrassenbands schauen. Als Katinka den Raum unten betritt, kommt gerade Horst Löffler, der Chef der Bademeister, herunter. „Hallo, Katinka!", sagt er zu Katinka, „schön, dass du uns wieder hilfst." „Was kann ich denn tun?", fragt Katinka. „Wenn du zuerst an den Hochsitz bei der Rutschbahn gehst, wäre das gut. Thorsten steht am Beckenrand." „Alles klar!", erwidert Katinka und macht sich auf den Weg.

⑬ Die Grillplätze werden im Text nirgends erwähnt. Lies am besten noch einmal an der letzten Stelle nach, an der du sicher richtig warst.

⑭ Da hast du wohl falsch gerechnet. Du musst Länge x Breite x Tiefe rechnen. Dann weißt du, wie viele Kubikmeter Wasser im Becken sind.

⑮ Der Spielplatz für Kinder/Jugendliche wird im Text nicht erwähnt. Als Orientierungspunkt kommt aber der Spielplatz für Kleinkinder vor. Lies noch einmal bei 28 nach, wo Katinkas nächste Station ist.

⑯ Der Strömungskanal wird im Text zwar erwähnt, Teil der Lesespur ist er aber nicht. Lies noch einmal bei 17 nach, wohin Katinka genau geht.

⑰ Am Hochsitz wartet schon Thorsten Becker. Er hat gesehen, dass Katinka kommt, und begrüßt sie: „Hallo Katinka", meint er, „gehst du gleich auf den Hochsitz?" „Genau, hallo Thorsten", bestätigt Katinka. „So hat es Herr Löffler erst einmal gesagt." Mit dem Hochsitz ist es so: Die Strömung aus dem Strömungskanal wirkt bis zum Landebereich unterhalb der Wasserrutsche. Deshalb haben dort manchmal Kinder, die noch nicht sicher schwimmen können, Probleme, zur Ausstiegstreppe zu kommen. Deshalb hat man beschlossen, diesen Bereich auf einem Hochsitz besonders zu beobachten. Die Beobachtung verlangt aber eine große Konzentration, weshalb sich die Bademeister auch abwechseln. Und jetzt hat also Katinka hier Dienst. Doch alle Kinder kommen problemlos nach dem Rutschen aus dem Wasser. Nach einer halben Stunde kommt Thorsten und sagt: „Gehst du dann zum Planschbecken und löst Benjamin ab?" „Mache ich", erwidert Katinka und geht zum Planschbecken, das auf Ebene 1 gleich neben dem Aufgang liegt.

Stefan Schäfer: Differenzierte Lesespurgeschichten Deutsch 9/10
© Auer Verlag

(18) Richtig, hier löst Katinka die junge Bademeisterin Madeleine ab. Der Dienst bei der Rutschbahn ist eigentlich überhaupt keine Badeaufsicht. Man sitzt einfach auf einem Hocker und passt auf, dass niemand drängelt oder zu früh losrutscht. Heute aber hat Katinka hier oben einen anstrengenden Dienst. Dauernd muss sie Jugendliche ermahnen, keinen Blödsinn zu machen. Die Jugendlichen sind zum Teil sogar älter als sie. Weil aber Katinka selbst ziemlich groß für ihr Alter und ziemlich selbstbewusst ist, kann sie sich durchsetzen. Trotzdem ist sie froh, als sie nach einer halben Stunde von Thorsten abgelöst wird. Thorsten weiß natürlich, dass die Aufsicht bei der Rutschbahn manchmal anstrengend ist: „Hey, Katinka, jetzt hast du es geschafft. Herr Löffler meint, du sollst Benjamin beim Sportbecken unterstützen. Da ist heute auch einiges los." Das Sportbecken liegt an derselben Stelle wie das Erlebnisbecken, nur eine Ebene höher.

(19) Da hast du wohl falsch gerechnet. Du musst Länge x Breite x Tiefe rechnen. Dann weißt du, wie viele Kubikmeter Wasser im Becken sind.

(20) Aufgänge werden in der Geschichte mehrfach erwähnt, sie sind aber nie Teil der Lesespur. Lies am besten noch einmal an der letzten Stelle nach, an der du sicher richtig warst.

(21) Der Geräteschuppen der Ebene 3 wird im Text nirgends genannt. Lies am besten noch einmal an der letzten Stelle nach, an der du sicher richtig warst.

(22) Die WC-Anlagen werden im Text nirgends genannt. Lies am besten noch einmal an der letzten Stelle nach, an der du sicher richtig warst.

(23) Im Technikraum wird Katinka schon von Vinzent erwartet, der im Terrassenbad für die technischen Anlagen verantwortlich ist. Er übergibt Katinka den Drehschlüssel. Katinka macht sich damit sofort auf den Weg zu den Startblöcken des Sportbeckens.

(24) Das Gartenrestaurant wird im Text nirgends erwähnt. Vielleicht verwechselst du das Restaurant mit der Cafeteria. Lies am besten noch einmal bei 28 nach, wohin Katinka nach ihrem Feierabend geht.

Stefan Schäfer: Differenzierte Lesespurgeschichten Deutsch 9/10
© Auer Verlag

㉕ Du hast richtig gerechnet. Hier am Trinkbrunnen macht Katinka eine Trink-pause. Plötzlich zieht sie jemand am T-Shirt. Katinka dreht sich um und sieht ein kleines Mädchen mit Tränen in den Augen. „Weißt du, wo meine Mama ist?", fragt es mit zittriger Stimme. „Deine Mama werden wir ganz sicher finden! Wie heißt du denn?", fragt Katinka. „E-, Eva-, Evalina", bringt das Mädchen endlich heraus. „Na, das ist doch super, Evalina! Komm, wir suchen deine Mama", sagt Katinka und streckt Evalina ihre rechte Hand hin, die Evalina sofort dankbar ergreift. Katinka will zum Badeaufsichtsturm und Evalinas Mutter ausrufen. Doch gerade als sie Ebene 2 erreicht, rennt Evalinas Mutter auf ihr Kind zu. Die Mutter ist genauso froh wie Evalina, dass nichts passiert ist. Sie bedankt sich herzlich bei Katinka. Da kommt Herr Löffler auf sie zu, der Katinka vom Badeaufsichtsturm aus gesehen hat. „Na, hat sich mal wieder jemand verlaufen?" Als Katinka nickt, fährt er fort: „Kannst du bitte im Technikraum den Drehschlüssel holen und ihn hoch zu den Startblöcken des Sportbeckens bringen? Benjamin muss den Abflussschacht öffnen. Da hat wohl jemand was verloren. Vinzent weiß Bescheid und gibt dir den Drehschlüssel. Danach kannst du Feierabend machen. Vielen Dank, dass du uns wieder so toll geholfen hast!" „Gerne", sagt Katinka und macht sich auf den Weg.

㉖ Als Katinka am Sportbecken entlang zum Sprungbecken läuft, sieht sie am Sprungturm schon Herrn Löffler stehen. Neben ihm sitzt ein Junge mit einer Schürfwunde am Knie. Die Wunde blutet zwar nur leicht, aber der Sturz muss ganz schön wehgetan haben. Das kann man dem Jungen ansehen. „Kannst du dich bitte um ihn kümmern, Katinka?", fragt Herr Löffler. „Natür-lich", antwortet Katinka und beugt sich zu dem Jungen herunter: „Kannst du denn gehen?", fragt sie ihn. Der Junge beißt die Zähne zusammen und sagt: „Es wird schon gehen." „Dann gehen wir beiden jetzt zum Erste-Hilfe-Raum, ok? Wie heißt du eigentlich?" „Tom", sagt der Junge. „Also dann, Tom!" Katinka nickt Herrn Löffler noch zu, dann geht sie mit Tom zum Erste-Hilfe-Raum, der sich auf Ebene 2 direkt neben dem Badeaufsichtsturm befindet.

㉗ Im Sportbecken muss die Badeaufsicht vor allem aufpassen, dass Kinder und Jugendliche keinen Unfug machen und vom Seitenrand in das Becken und vielleicht auf einen Schwimmer springen. Und weil das Becken selbst ziemlich groß ist, ist es gut, wenn an beiden Seiten jemand steht. Vor allem, wenn viel los ist. Katinka ist auf der Seite, die gegenüber den Startblöcken liegt.

Stefan Schäfer: Differenzierte Lesespurgeschichten Deutsch 9/10
© Auer Verlag

Das Sportbecken des Terrassenbads ist ziemlich groß. Deshalb dürfen hier auch immer wieder wichtige Wettkämpfe stattfinden, sogar Meisterschaften auf Landesebene! Ein solches Sportbecken ist 50 mal 21 Meter groß und muss mindestens 1,80 Meter tief sein. Achtung: Ein Kubikmeter enthält 1000 Liter Wasser, du musst also alles noch mit 1000 multiplizieren. Kannst du ausrechnen, wie viele Liter Wasser in so ein Becken passen? Die Zahl bei der richtigen Litermenge verrät dir, wo es weitergeht.

189000 l ☐ **(14)**   **1890000 l** ☐ **(25)**   **2550000 l** ☐ **(19)**

(28) Genau, hier bei den Startblöcken, ist auch der Schacht einer Filteranlage, die einen kleinen Überlaufschlitz hat. Genau durch diesen Schlitz ist einer Frau der Schlüssel für ihr Schließfach in der Umkleidekabine gefallen. Natürlich ist die eigentliche Filteranlage noch durch ein Sieb geschützt, sodass der Schlüssel leicht geholt werden kann, nur braucht man dazu den richtigen Drehschlüssel, um den Schacht zu öffnen. Das macht Benjamin nun, fischt den Schlüssel aus dem Filter und gibt ihn der dankbaren Frau zurück. „Soll ich den Drehschlüssel wieder zurückbringen?", fragt Katinka. „Nicht nötig", meint Benjamin. „Herr Löffler hat gesagt, dass wir nachher noch die Filter überprüfen müssen, dann brauche ich ihn sowieso nochmal." „Super, dann mache ich Schluss für heute." Katinka hat jetzt keinen Dienst mehr, dafür noch etwas Zeit, bis das Training beginnt. Sie beschließt, in der Cafeteria auf Ebene 1, zwischen Planschbecken und Kleinkinderspielplatz, noch etwas zu essen und einen Kaffee zu trinken.

Meine Lesespur:

1, ——, ——, ——, ——, ——, ——, ——, ——, ——, ——, ——, ——

Stefan Schäfer: Differenzierte Lesespurgeschichten Deutsch 9/10
© Auer Verlag

Badeaufsicht im Terrassenbad

Katinka hat beim DLRG (Deutsche Lebens-Rettungs-Gesellschaft) nicht nur mit fünf Jahren schwimmen gelernt, sondern ist dort auch schon seit zehn Jahren Mitglied. Mittlerweise ist sie eine tolle Rettungsschwimmerin. Seit sie 14 Jahre alt ist, besitzt sie das Rettungsschwimmabzeichen Silber. Und sobald sie 16 ist, will Katinka auch das Rettungsschwimmabzeichen Gold absolvieren. Weil Katinka noch zu jung ist, darf sie noch nicht selbstständig Badeaufsicht führen, im Terrassenbad freuen sich aber alle Bademeister, wenn Katinka ihnen an den heißen Hochsommerwochenenden hilft. Auch heute Nachmittag hat sie ihre Hilfe angeboten.

Wenn du wissen willst, was Katinka am Samstagnachmittig bei der Badeaufsicht im Terrassenbad alles erlebt, beginne bei 1 mit dem Lesen.

(1) Um 12 Uhr 45 Uhr kommt Katinka am Eingang des Terrassenbades an. Sie will heute zwischen 13 und 18 Uhr bei der Badeaufsicht helfen. An der Kasse hat heute Frau Böhler Dienst. Sie begrüßt Katinka: „Hallo Katinka, na, hilfst du heute wieder mit?" Katinka muss natürlich keinen Eintritt bezahlen. Weil sie ab und zu aushilft, hat sie jederzeit freien Eintritt. Und für das DLRG-Training hat sie natürlich außerdem eine Trainingskarte, mit der sie auch nach Kassenschluss zwischen 20 und 22 Uhr in das Bad kann, um am Training teilzunehmen. „Hallo Frau Böhler", sagt Katinka, „ja, ich helfe heute zwischen 13 und 18 Uhr. Bei dem Wetter wird es am Nachmittag sicher voll!" Von der Kasse aus geht Katinka zwischen den Tischtennisplatten und dem Sanitärbereich Richtung Aufgang. Dort, ganz hinten rechts, hat der DLRG ein kleines Häuschen.

(2) Der Spielplatz für Kleinkinder wird im Text nur als Orientierungspunkt erwähnt. Lies noch einmal bei 28 nach, wohin Katinka genau geht.

(3) Richtig, das ist die Cafeteria, in der sich Katinka nach ihrem Dienst als Hilfe bei der Badeaufsicht einen Kaffee und ein Stück Pflaumenkuchen gönnt. Schließlich braucht sie nachher Kraft für das Training: Das Rettungsschwimmabzeichen Gold ist so einfach nämlich nicht zu bestehen!

(4) Genau, hier am Planschbecken löst Katinka Benjamin ab, der wie sie auch beim DLRG Mitglied ist. „Hey", sagt Katinka, „kommst du heute Abend auch noch zum Training?" „Ja", sagt Benjamin, „hab' ich vor. Ich hoffe, dass wir hier pünktlich fertig werden. Na, du kennst das ja!" Dass Katinka das Planschbecken allein beaufsichtigen darf, hat einen besonderen Grund: Eigentlich sind nämlich am Planschbecken die Eltern für die Aufsicht ihrer Kinder verantwortlich. Wenn das Bad aber voll ist, setzt Herr Löffler, wenn es irgendwie geht, trotzdem noch jemanden zur Sicherheit ein. Die Beobachtung von spielenden Kindern ist nämlich ganz schön anstrengend, und die Eltern wollen sich oft auch untereinander unterhalten und achten dann nur mit einem Auge auf ihre Kinder, was im Zweifel zu wenig sein kann. Und tatsächlich sieht Katinka jetzt ein Kind mit dem Gesicht auf dem Wasser liegen! Sofort springt sie zu dem Kind, doch glücklicherweise ist es ein Fehlalarm. „Ich bin Indianer und tauche", sagt der etwa Vierjährige. „Ich kann sogar noch viel länger tauchen, bestimmt 'ne ganze Stunde oder so!" „Super", kann Katinka gerade noch loben, da läutet ihr Handy. Herr Löffler ist in der Leitung. „Du, Katinka, kannst du rasch zum Sprungbecken kommen, es gab einen kleinen Unfall!" „Mach ich", sagt Katinka schon im Laufen. Das Sprungbecken befindet sich auf Ebene 3 und liegt, vom Aufgang aus gesehen rechts hinten.

(5) Die Tischtennisplatten hinter dem Eingangsbereich auf Ebene 1 werden im Text zwar erwähnt, dort aber nur als Orientierungspunkt genannt. Lies noch einmal bei 1 nach, wohin Katinka genau geht.

Stefan Schäfer: Differenzierte Lesespurgeschichten Deutsch 9/10
© Auer Verlag

Lesespurgeschichte schwer   Badeaufsicht im Terrassenbad

(6) Hier bist du falsch, der Aufgang wird im Text nur als Orientierungspunkt erwähnt, dafür gleich mehrfach. Lies noch einmal an der letzten Stelle nach, an der du sicher richtig warst.

(7) Hier bist du richtig. Im DLRG-Häuschen befindet sich nicht nur ein Unterrichtsraum und eine Umkleide, sondern auch ein kleines Lager, in der die DLRG-Gruppe Ausrüstung (wie Rettungsgerät, Erste-Hilfe-Koffer, Reanimationspuppe für die Herzdruckmassage, Defibrillator usw.) aufbewahrt. Hier zieht sich Katinka um: Sie hat jetzt ein rotes DLRG-T-Shirt an, auf dem auch in gelben Buchstaben ihr Name steht; außerdem eine kurze rote Hose. So erkennt sie jeder als Rettungsschwimmerin. Jetzt macht sich Katinka auf den Weg zum Badeaufsichtsturm, der sich auf Ebene 2 direkt neben dem Aufgang gegenüber des Erlebnisbeckens befindet. Katinka muss also nur die Treppe hoch.

(8) Der Geräteschuppen der Ebene 1 wird im Text nirgends erwähnt. Lies am besten noch einmal an der letzten Stelle nach, an der du sicher richtig warst.

(9) Der Sanitärbereich wird im Text nur als Orientierungspunkt erwähnt. Lies noch einmal bei 1 nach, wohin Katinka genau geht.

(10) Die Umkleidekabinen wurden nur indirekt durch den Schließfachschlüssel in 28 angesprochen. Lies dort noch einmal genau nach.

(11) Im Erste-Hilfe-Raum lässt Katinka Tom auf der Liege Platz nehmen. Zwar haben die Schmerzen schon nachgelassen und Tom, der unterwegs Katinka erzählt hat, dass er ausgerutscht und deshalb gestürzt ist, kann auch schon wieder ganz gut laufen, doch Katinka sagt: „Jetzt, wo wir schon einmal da sind, verarztet wird dich auch." Und dann desinfiziert Katinka Toms Knie mit einem Wund-Desinfektions-Spray und macht anschließend ein großes Pflaster auf Toms Schürfwunde. „So, Tom, jetzt kannst du wieder zu deinen Freunden!" „Danke!", sagt Tom und rennt davon. Katinka schmunzelt über die Wunderheilung und ruft Herrn Löffler an: „Herr Löffler, den Jungen habe ich versorgt. Soll ich wieder ans Planschbecken?" „Nein", meint Herr Löffler, „dort ist Benjamin jetzt. Es wäre gut, wenn du Madeleine auf der Rutschbahn ablösen könntest." Die Badeaufseher wechseln nämlich ihre Positionen immer wieder, weil man dann nicht nur mehr Abwechslung hat, sondern sich jeweils auch besser konzentrieren kann. „In Ordnung, Herr Löffler", sagt Katinka und macht sich auf den Weg zum schräg gegenüber dem Erste-Hilfe-Raum gelegenen Erlebnisbecken, an dem sich ja auch die große Rutschbahn mit ihren vier parallelen Bahnen befindet.

(12) Der Turm der Badeaufsicht hat drei Stockwerke, aber nur eine kleine Grundfläche von ca. zehn Quadratmetern. Unten befindet sich ein kleines Büro, darüber ein Ruheraum und darüber ein Aussichtsraum mit einem schmalen Rundumbalkon. Von hier aus kann man nicht nur Ebene 2 überblicken, sondern auch die Ebenen 1 und 3 des Terrassenbads gut einsehen. Als Katinka den Raum unten betritt, kommt gerade Schwimmmeister Horst Löffler, der Chef der Bademeister, von oben herunter. „Hallo, Katinka!", sagt er zu Katinka, „schön, dass du uns wieder hilfst." „Was kann ich denn tun?", fragt Katinka. „Wenn du zuerst an den Hochsitz bei der Rutschbahn gehst, wäre das gut. Thorsten steht am Beckenrand." „Alles klar!", erwidert Katinka und macht sich auf den Weg.

(13) Die Grillplätze werden im Text nirgends erwähnt. Lies am besten noch einmal an der letzten Stelle nach, an der du sicher richtig warst.

(14) Da hast du wohl falsch gerechnet. Du musst Länge x Breite x Tiefe rechnen. Dann weißt du, wie viele Kubikmeter Wasser im Becken sind. Ein Kubikmeter enthält 1000 Liter Wasser, sodass du alles noch mit 1000 multiplizieren musst.

Stefan Schäfer: Differenzierte Lesespurgeschichten Deutsch 9/10
© Auer Verlag

⑮ Der Spielplatz für Kinder/Jugendliche wird im Text nicht erwähnt. Als Orientierungspunkt kommt aber der Spielplatz für Kleinkinder vor. Lies noch einmal bei 28 nach, wo Katinkas nächste Station ist.

⑯ Der Strömungskanal wird im Text zwar erwähnt, Teil der Lesespur ist er aber nicht. Lies noch einmal bei 17 nach, wohin Katinka genau geht.

⑰ Am Hochsitz wartet schon Thorsten Becker. Er hat gesehen, dass Katinka kommt, und begrüßt sie nun: „Hallo Katinka", meint er, „gehst du gleich auf den Hochsitz?" „Genau, hallo Thorsten", bestätigt Katinka. „So hat es Herr Löffler erst einmal gesagt." Mit dem Hochsitz hat es eine spezielle Bewandtnis: Bei der Planung des Erlebnisbeckens hat man nicht genügend bedacht, dass die Strömung aus dem Strömungskanal eine Sogwirkung auf den Landebereich unterhalb der Wasserrutsche hat, weshalb gerade dort immer wieder Kinder, die vor allem rutschen wollen und noch nicht sicher schwimmen können, Schwierigkeiten haben, die Ausstiegstreppe zu erreichen. Im Sommer muss man fast jede Woche einmal einem Kind helfen. Deshalb hat man beschlossen, diesen Bereich auf einem Hochsitz besonders zu beobachten, zusätzlich zur normalen Beckenaufsicht. Die Beobachtung verlangt aber eine große Konzentration, weshalb sich die Bademeister immer regelmäßig abwechseln. Und jetzt hat also Inka eine halbe Stunde Dienst hier. Doch alle Kinder kommen problemlos nach dem Rutschen aus dem Wasser. Nach einer halben Stunde kommt Thorsten und sagt: „Gehst du dann zum Planschbecken und löst Benjamin ab?" „Mache ich", erwidert Katinka und geht zum Planschbecken, das auf Ebene 1 gleich neben dem Aufgang liegt.

⑱ Richtig, hier löst Katinka die junge Bademeisterin Madeleine ab, die ihr Rettungsschwimmabzeichen Silber vor zwei Jahren auch in Katinkas Ortsgruppe absolviert hat. Letztes Jahr hat Madeleine dann ihre Prüfung abgelegt und ist jetzt ausgebildete Fachangestellte für Bäderbetriebe, wie Bademeister eigentlich richtig heißen. Der Dienst bei der Rutschbahn ist im Grunde genommen überhaupt keine Badeaufsicht. Man sitzt einfach auf einem Hocker und passt auf, dass niemand drängelt oder zu früh losrutscht, also bevor der Wasserbereich am Rutschbahnende wieder frei ist. Heute aber hat Katinka hier oben einen anstrengenden Dienst. Dauernd muss sie Jugendliche ermahnen, keinen Blödsinn zu machen. Die Jugendlichen sind zum Teil sogar älter als sie. Weil Katinka aber selbst ziemlich groß für ihr Alter und ziemlich selbstbewusst ist und natürlich außerdem ein DLRG-T-Shirt trägt, kann sie sich durchsetzen. Trotzdem ist sie froh, als sie nach einer halben Stunde von Thorsten abgelöst wird. Thorsten weiß natürlich, dass die Aufsicht bei der Rutschbahn an Tagen wie heute anstrengend ist: „Hey, Katinka, jetzt hast du es geschafft. Herr Löffler meint, du sollst Benjamin beim Sportbecken unterstützen. Da ist heute auch einiges los." Das Sportbecken liegt an derselben Stelle wie das Erlebnisbecken, nur eine Ebene höher.

⑲ Da hast du wohl falsch gerechnet. Du musst Länge x Breite x Tiefe rechnen. Dann weißt du, wie viele Kubikmeter Wasser im Becken sind. Ein Kubikmeter enthält 1000 Liter Wasser, sodass du alles noch mit 1000 multiplizieren musst.

⑳ Aufgänge werden in der Geschichte mehrfach erwähnt, sie sind aber nie Teil der Lesespur. Lies am besten noch einmal an der letzten Stelle nach, an der du sicher richtig warst.

㉑ Der Geräteschuppen der Ebene 3 wird im Text nirgends erwähnt. Lies am besten noch einmal an der letzten Stelle nach, an der du sicher richtig warst.

Stefan Schäfer: Differenzierte Lesespurgeschichten Deutsch 9/10
© Auer Verlag

㉒ Die WC-Anlagen der Männer und Frauen werden im Text nirgends erwähnt. Lies am besten noch einmal an der letzten Stelle nach, an der du sicher richtig warst.

㉓ Im Technikraum wird Katinka schon von Vinzent erwartet, der im Terrassenbad für den Betrieb und die Wartung der technischen Anlagen verantwortlich ist, aber auch bei der Pflege der Grünanlagen mithilft. Er übergibt Katinka den Drehschlüssel, die sich damit sofort auf den Weg zu den Startblöcken des Sportbeckens begibt.

㉔ Das Gartenrestaurant wird im Text nirgends erwähnt. Vielleicht verwechselst du das Restaurant mit einer anderen gastronomischen Einrichtung. Lies am besten noch einmal bei 28 nach, wohin Katinka nach ihrem Feierabend geht.

㉕ Du hast richtig gerechnet. Hier am Trinkbrunnen legt Katinka eine Trinkpause ein. Sie hat gerade getrunken, da zieht sie jemand am T-Shirt. Katinka dreht sich um und sieht ein kleines Mädchen mit Tränen in den Augen. „Weißt du, wo meine Mama ist?", fragt es mit zittriger Stimme. „Deine Mama werden wir ganz sicher finden! Wie heißt du denn?", fragt Katinka. „E-, Eva-, Evalina", bringt das Mädchen endlich heraus. „Na, das ist doch super, Evalina! Mensch, hast du einen tollen Namen. So, komm, jetzt suchen wir deine Mama", sagt Katinka und streckt Evalina ihre rechte Hand hin, die Evalina sofort dankbar ergreift. Katinka will natürlich zum Badeaufsichtsturm und Evalinas Mutter ausrufen, doch gerade als sie Ebene 2 erreicht, stürzt Evalinas Mutter auf ihr Kind zu. Die Mutter ist mindestens so froh wie Evalina, dass sie sich wieder gefunden haben und nichts passiert ist. Sie bedankt sich herzlich bei Katinka, die ihrerseits Evalina verabschiedet: „Tschüss, liebe Evalina, viel Spaß noch im Bad!" Da kommt Herr Löffler auf sie zu, der Katinka vom Badeaufsichtsturm aus gesehen hat. „Na, hat sich mal wieder jemand verlaufen?" Als Katinka nickt, fährt er fort: „Kannst du bitte im Technikraum den Drehschlüssel holen und ihn hoch zu den Startblöcken des Sportbeckens bringen? Benjamin muss den Abflussschacht öffnen, da hat wohl jemand was verloren. Vinzent weiß Bescheid und gibt dir den Drehschlüssel. Danach kannst du Feierabend machen. Vielen Dank, dass du uns wieder so toll geholfen hast!" „Gerne", sagt Katinka und macht sich auf den Weg.

㉖ Als Katinka am Sportbecken entlang zum Sprungbecken läuft, sieht sie am Sprungturm schon Herrn Löffler stehen. Neben ihm sitzt ein ca. zwölfjähriger Junge mit einer Schürfwunde am Knie. Die Wunde blutet zwar nur leicht, aber der Sturz muss ganz schön wehgetan haben. Das kann man dem Jungen ansehen. „Kannst du dich bitte um ihn kümmern, Katinka?", fragt Herr Löffler. „Natürlich", antwortet Katinka und beugt sich zu dem Jungen herunter: „Kannst du denn gehen?", fragt die ihn. Der Junge beißt die Zähne zusammen und sagt: „Es wird schon gehen." „Dann gehen wir beiden jetzt zum Erste-Hilfe-Raum, ok? Wie heißt du eigentlich?" „Tom", sagt der Junge. „Also dann, Tom!" Katinka nickt Herrn Löffler noch zu, dann geht sie mit Tom zum Erste-Hilfe-Raum, der sich auf Ebene 2 direkt neben dem Badeaufsichtsturm befindet.

㉗ Im Sportbecken muss die Badeaufsicht weniger die Badegäste im Becken, die fast immer gute Schwimmer sind, beobachten, sondern aufpassen, dass Kinder und Jugendliche keinen Unfug machen und vom Seitenrand in das Becken und vielleicht auf einen Schwimmer springen. Und weil das Becken selbst ziemlich groß ist, ist es an Tagen mit viel Betrieb gut, wenn an den beiden Beckenkurzseiten jemand ist. Katinka ist auf der Seite, die gegenüber den Startblöcken liegt.

Stefan Schäfer: Differenzierte Lesespurgeschichten Deutsch 9/10
© Auer Verlag

Das Sportbecken des Terrassenbads ist ziemlich groß; es entspricht der Kategorie B für hohe Anforderungen bei Schwimmwettkämpfen, das heißt, dass in ihm sogar Deutsche Meisterschaften durchgeführt werden dürfen. Tatsächlich haben auch schon einige Male Meisterschaften auf Landesebene hier stattgefunden. Ein Sportbecken der Kategorie B misst 50 mal 21 Meter und muss mindestens 1,80 Meter tief sein. Genau wie das Becken im Terrassenbad. Kannst du ausrechnen, wie viele Liter Wasser in so ein Becken passen? Die Zahl bei der richtigen Litermenge verrät dir, wo es weitergeht.

189000 l □ (14)   1890000 l □ (25)   2550000 l □ (19)

(28) Richtig, hier bei den Startblöcken, genauer etwa einen Meter von Startblock 1 entfernt, befindet sich der Schacht einer Filteranlage, die einen kleinen Überlaufschlitz hat. Genau durch diesen Überlaufschlitz ist einer Frau der Schließfachschlüssel der Umkleidekabine gefallen. Natürlich ist die eigentliche Filteranlage noch durch ein Sieb geschützt, damit kein Laub oder Abfall von außen hineingelangt, sodass der Schließfachschlüssel leicht geholt werden kann, nur benötigt man dazu einen speziellen Drehschlüssel, um den Schacht zu öffnen. Das macht Benjamin nun, fischt den Schlüssel aus dem Filter und gibt ihn der Frau zurück, die sich herzlich bedankt und geht. „Soll ich den Drehschlüssel wieder zurückbringen?", fragt Katinka. „Nicht nötig", meint Benjamin. „Herr Löffler hat gesagt, dass wir nachher ohnehin die Filter noch überprüfen müssen, dann brauche ich ihn sowieso nochmal." „Super, dann mache ich Schluss für heute. Weißt du schon, ob du nachher noch ins Training kommst?" „Ich bin noch nicht ganz sicher, aber ich denke schon." „Dann sage ich mal bis später!" Katinka hat jetzt keinen Dienst mehr, dafür noch etwas Zeit, bis das Training beginnt, und sie beschließt, in der Cafeteria auf Ebene 1, zwischen Planschbecken und Kleinkinderspielplatz, noch etwas zu essen und einen Kaffee zu trinken.

Meine Lesespur:

1, ——, ——, ——, ——, ——, ——, ——, ——, ——, ——, ——, ——, ——

Stefan Schäfer: Differenzierte Lesespurgeschichten Deutsch 9/10
© Auer Verlag

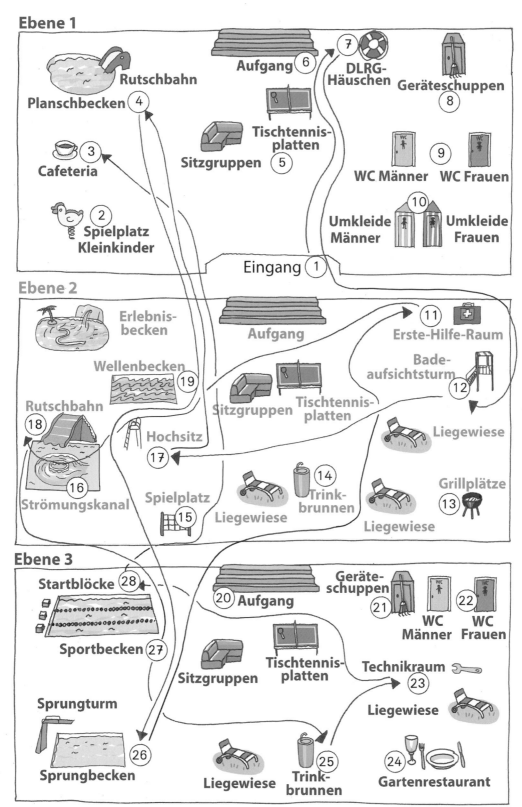

Meine Lesespur: 1, __7__ , __12__ , __17__ , __4__ , __26__ , __11__ , __18__ , __27__ , __25__ , __23__ , __28__ , __3__

Lösung zu ㉗: 50 x 21 x 1,80 x 1000 = 1890000 l; die Geschichte geht also bei 25 weiter.

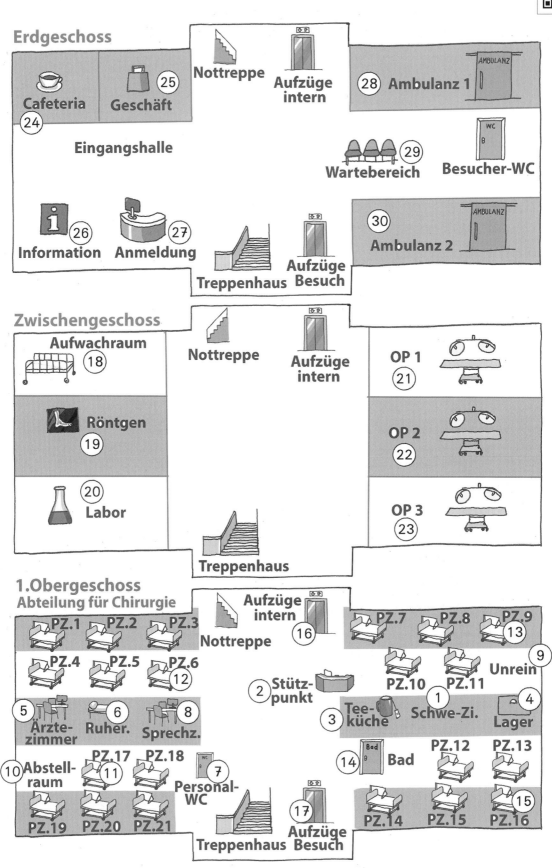

PZ. = Patientenzimmer   Ruher. = Ruheraum
Schwe-Zi = Schwesternzimmer

Stefan Schäfer: Differenzierte Lesespurgeschichten Deutsch 9/10
© Auer Verlag

Praktikum als Krankenpfleger

Timo macht derzeit ein zehntägiges Praktikum zur beruflichen Orientierung in der Stadtklinik. Gestern hat Timo Schwester Heike begleitet und vor allem die Station und deren Räumlichkeiten kennengelernt. Heute ist sein zweiter Tag als Praktikant im Krankenhaus.

Wenn du wissen willst, was Timo während seines zweiten Tages im Praktikum in der Station für Chirurgie alles erlebt, beginne bei 1 mit dem Lesen.

① Im Schwesternzimmer trifft sich Timo mit Amina, die gerade ein Freiwilliges Soziales Jahr (FSJ) absolviert. Natürlich können FSJler und Praktikanten keine Aufgaben des ausgebildeten Personals übernehmen. Deshalb arbeiten sie unterstützend. Timo hat Amina gestern schon kennengelernt. „Also, dann wollen wir mal", sagt Amina. „Was gibt es denn zu tun?", will Timo wissen. „Frühstücktabletts einsammeln. Komm mit zum Abstellraum", antwortet Amina. Der Abstellraum liegt vom Stützpunkt aus gesehen schräg links im Zimmerbereich für Patienten, direkt neben Patientenzimmer 17.

② Nachdem er das Zimmer von Frau Meyer verlassen hat, begibt sich Timo zum Stationsstützpunkt, wo ihn auch schon Amina erwartet. „Wir müssen gleich noch einmal ins Erdgeschoss", sagt Amina, „wir sollen in der Ambulanz 2 einen Patienten abholen und ihn in das Stationssprechzimmer begleiten." „Also wieder nach unten", bestätigt Timo.

③ In der Teeküche müssen Timo und Amina Tee für die Patienten kochen, die sich dann nach Bedarf etwas zu trinken holen können. Das ist eine Aufgabe, die tagsüber alle zwei bis drei Stunden anfällt. Kaum sind Timo und Amina damit fertig, da kommt auch schon Frau Avdic mit einem neuen Auftrag.

Im folgenden Wortgitter findest du acht Wörter (senkrecht und waagerecht), die alle im Krankenhaus häufig gebraucht werden. Schreibe sie heraus. Jedes Wort ist durch mindestens einen Buchstaben mit einem anderen verbunden. Diese Buchstaben sind markiert.

C	V	B	N	M	L	F	P	I	T
O	P	E	R	A	T	I	O	N	Z
R	F	W	Q	S	S	E	Y	F	X
B	L	U	T	P	G	B	F	A	D
H	A	J	K	R	L	E	M	R	N
Q	S	Y	X	I	C	R	V	K	B
W	T	R	T	T	Z	P	L	T	K
M	E	D	I	Z	I	N	F	G	H
S	R	N	V	E	R	B	A	N	D

Wörter im Gitter: _____

_____

Die Zahl der Buchstaben des kürzesten Wortes ist die Nummer, an der es weitergeht.

④ Richtig, hier geht es weiter. Vor dem Lager stehen Kisten mit Verbandsmaterial, das Timo und Amina ordentlich im Lager verstauen sollen. „Was ist eigentlich ein Freiwilliges Soziales Jahr?", fragt Timo. Amina antwortet: „Da arbeitet man freiwillig im sozialen Bereich und bekommt neben Verpflegung und Unterkunft auch noch ein Taschengeld. So kann man zum Beispiel einen Beruf ausprobieren. Mir gefällt es." „Und", fragt Timo nach, „kannst du dir vorstellen, Krankenpflegerin zu werden?" „Auf jeden Fall", sagt Amina mit voller Überzeugung. Nachdem Amina und Timo das Lager fertig aufgefüllt haben, müssen sie das Mittagessen verteilen und danach gleich wieder die Tabletts vom Mittagessen einsammeln. Als sie damit fertig sind, haben sie selbst Mittagspause.

Wenn du wissen willst, wie es nach der Mittagspause für Timo und Amina weitergeht, ergänze in dem folgenden magischen Quadrat die fehlende Zahl. Diese Zahl ist die nächste Nummer.

16	3	2	13
5	10	11	8
9	6	7	12
4		14	1

⑤ Hier bist du falsch. Das Ärztezimmer wird im Text nicht erwähnt. Vielleicht verwechselst du es mit dem Sprechzimmer der Station. Lies noch einmal an der letzten Stelle nach, an der du sicher richtig warst.

⑥ Der Ruheraum wird im Text als Orientierungspunkt erwähnt. Lies noch einmal bei 30 nach, wohin Amina und Timo mit Herrn Riether von der Ambulanz aus gehen.

⑦ Hier bist du falsch. Das Personal-WC wird im Text nicht erwähnt. Lies noch einmal an der letzten Stelle nach, an der du sicher richtig warst.

Stefan Schäfer: Differenzierte Lesespurgeschichten Deutsch 9/10
© Auer Verlag

⑧ Nachdem Amina und Timo mit Herrn Riether beim Sprechzimmer der Station angekommen sind, klopfen sie dort an. „Herein!", ist von innen zu hören. Amina öffnet die Tür und sagt: „Wir bringen Herrn Riether von der Ambulanz." „Prima, kommt herein. Guten Tag, Herr Riether. Ich bin Dr. Neumüller, Oberärztin der Station. Einen kleinen Moment noch bitte." Damit wendet sie sich Timo und Amina zu: „Nehmt bitte gerade noch den benutzten Infusionsständer hier in den Unreinraum mit." Amina und Timo nicken und machen sich auf den Weg. Der Unreinraum liegt gegenüber von Patientenzimmer 9.

⑨ Richtig, in den sogenannten Unreinraum werden alle schmutzigen Sachen gebracht. Hierhin bringen Timo und Amina auch den gebrauchten Infusionsständer. Für Amina und Timo nähert sich langsam die Feierabendzeit. Sie müssen jetzt nur noch das Abendessen verteilen. Dann haben sie es für heute geschafft. „Ganz schön anstrengend", denkt Timo, als er später erschöpft das Krankenhaus verlässt.

⑩ Genau, hier ist der Abstellraum, wo sich auch die beiden Tablettwagen befinden, in die Amina und Timo jetzt die Tabletts vom Frühstück einräumen. Amina und Timo arbeiten dabei gemeinsam Zimmer für Zimmer ab und fragen alle Patienten, wie es ihnen geschmeckt hat. Nach etwa einer halben Stunde haben sie den ersten Tablettwagen gefüllt. Nun machen sie sich an den zweiten. Und wieder eine halbe Stunde später ist auch dieser gefüllt. „Und was machen wir jetzt?", fragt Timo. „Wir müssen jetzt Frau Lüders aus Zimmer 6 in den OP-Saal bringen. Unterwegs fragen wir noch am Stützpunkt nach, in welchen OP-Saal sie muss." „Also auf zu Frau Lüders!", meint Timo.

⑪ Das Patientenzimmer 17 wird im Text nur als Orientierungspunkt genannt. Lies noch einmal bei 1 nach, wie es für Timo weitergeht.

⑫ „Hallo, Frau Lüders!", grüßen Amina und Timo freundlich. „Wir bringen Sie jetzt zum Operationssaal. Dann haben Sie es bald geschafft!" Die ältere Dame nickt und lächelt, sagt aber nichts. Amina zeigt Timo, wie man die Verriegelung der Rollen an den Bettbeinen löst, dann schieben die beiden das Bett mit Frau Lüders zu den Aufzügen für den hausinternen Gebrauch.

⑬ Patientenzimmer 9 wird im Text nur als Orientierungspunkt genannt. Lies noch einmal bei 8 nach, wohin Timo und Amina als Nächstes gehen.

⑭ Das Badezimmer wird in der Geschichte erwähnt, ist aber nicht Teil der Lesespur. Lies noch einmal bei 15 nach, wie es für Timo und Amina genau weitergeht.

Stefan Schäfer: Differenzierte Lesespurgeschichten Deutsch 9/10
© Auer Verlag

⑮ Genau, hier geht es für Amina und Timo nach ihrer Mittagspause weiter. Hier, im Patientenzimmer 16, sollen die beiden Herrn Schwarz abholen und ins Patientenbad bringen, weil sich Herr Schwarz im Moment nicht selbst pflegen kann. Nachdem sie Herrn Schwarz in seinem Bett ins Bad gefahren haben, müssen sie zum Aufwachraum gegenüber von Operationssaal 1 im Zwischengeschoss. Frau Lüders ist nach ihrer Operation wieder aufgewacht und muss nun zurück auf ihr Zimmer gebracht werden.

⑯ „Wow, damit bin ich gestern noch nicht gefahren", meint Timo, „warum gibt es die eigentlich?" „Na ja", antwortet Amina, „zum einen natürlich, dass man in Notfällen nicht lange auf den Aufzug warten muss. Aber dann gibt es noch einen Grund. Schau!" Und nun drückt Amina auf den Knopf „ZG" für „Zwischengeschoss". Amina fragt: „Da warst du dann ja gestern auch noch nicht, oder?" „Nein", schüttelt Timo den Kopf, „aber da sind wahrscheinlich die Operationssäle, oder?" „Genau", sagt Amina, „als normaler Besucher kommst du hier auch nicht über die Treppe hin." Der Aufzug hält. „So", sagt Amina, „wir müssen zum OP 2."

⑰ Die Besucher-Aufzüge werden in der Geschichte zwar erwähnt, sind aber nicht Teil der Lesespur. Lies noch einmal bei 30 genau nach.

⑱ Im Aufwachraum werden die beiden schon von einer Schwester erwartet, die sie zum Bett von Frau Lüders führt. Als Amina und Timo am Bett sind, ist Frau Lüders gerade wieder eingenickt. „Das macht nichts", sagt die Schwester, „ihr könnt sie trotzdem zurückbringen. Wenn Frau Lüders aber aufwacht, müsst ihr ihr natürlich erklären, dass ihr sie auf ihr Zimmer bringt." Tatsächlich wird Frau Lüders auch wieder wach, als sie im Aufzug sind. „Alles in Ordnung, Frau Lüders, die Operation ist vorbei. Wir bringen Sie wieder auf Ihr Zimmer." Frau Lüders ist erleichtert. Im Zimmer 6 wird Timo dann von der Bettnachbarin von Frau Lüders angesprochen: „Junger Mann, könnten Sie vielleicht so freundlich sein, mir unten im Geschäft im Erdgeschoss ein paar Kleinigkeiten zu besorgen?" Timo blickt fragend zu Amina. Und Amina sagt: „Das geht schon in Ordnung. Wir sind ja da, um den Patienten zu helfen. Dann geh' du runter. Ich schaue inzwischen noch einmal im Badezimmer vorbei. Treffen wir uns in einer Viertelstunde am Stützpunkt." „Einverstanden", sagt Timo, und lässt sich von der Frau erklären, was sie möchte. Dann macht er sich auf den Weg ins Geschäft, das im Eingangsbereich des Erdgeschosses der Anmeldung genau gegenüber liegt.

⑲ Hier bist du falsch. Die Röntgen-Abteilung wird im Text nicht erwähnt. Lies noch einmal an der letzten Stelle nach, an der du sicher richtig warst.

⑳ Hier bist du falsch. Das Labor wird im Text nicht erwähnt. Lies noch einmal an der letzten Stelle nach, an der du sicher richtig warst.

Stefan Schäfer: Differenzierte Lesespurgeschichten Deutsch 9/10
© Auer Verlag

㉑ Der Operationssaal 1 wird im Text nur als Orientierungspunkt genannt. Lies noch einmal bei 15 nach, wie es für Timo und Amina genau weitergeht.

㉒ Genau, hier vor dem Operationssaal 2 halten die beiden das Bett mit Frau Lüders an. Amina klingelt neben der Schiebetür des Operationssaales. Schon kurz darauf öffnet eine Schwester. „Hallo, Sie sind Frau Lüders?", fragt sie und nickt auch Amina und Timo zu. Und als Frau Lüders nickt, fährt sie fort: „Na prima, ich bin Schwester Anja. Ich bringe sie jetzt zu unserer Ärztin, seien Sie ganz unbesorgt!" Und noch einmal nickt sie Amina und Timo zu, die sich nun wieder auf den Rückweg machen. „Wie geht es für uns jetzt weiter?", fragt Timo. „Wir müssen jetzt zur Teeküche", sagt Amina, „das hat mir Frau Avdic, die heute die Station leitet, schon gleich heute Morgen gesagt."

㉓ Der Operationssaal 3 wird im Text nicht erwähnt. Lies noch einmal an der letzten Stelle nach, an der du sicher richtig warst.

㉔ Die Cafeteria wird im Text nicht erwähnt. Lies noch einmal an der letzten Stelle nach, an der du sicher richtig warst.

㉕ Hier im Geschäft kauft Timo für Frau Meyer, eine Rätsel- und eine Frauenzeitschrift, außerdem eine Rolle mit Butterkeksen. Dann bringt Timo die Einkäufe Frau Meyer, die sich sehr freut und Timo auch ein kleines Trinkgeld gibt. Timo bedankt sich ebenfalls und macht sich wie mit Amina verabredet auf den Weg zum Stationsstützpunkt, der in der Mitte des Korridors der Station liegt.

㉖ Die Information wird im Text nicht erwähnt. Lies noch einmal an der letzten Stelle nach, an der du sicher richtig warst.

㉗ Die Anmeldung wird im Text nur als Orientierungspunkt genannt. Lies noch einmal bei 18 nach, wo Timo als Nächstes hingeht.

㉘ Die Ambulanz 1 wird im Text nicht erwähnt, vielleicht verwechselst du sie mit der Ambulanz 2. Lies noch einmal bei 2 genau nach.

㉙ Der Wartebereich wird im Text zwar erwähnt, ist aber nicht Teil der Lesespur. Lies noch einmal bei 30 genau nach, wie es für Timo und Amina weitergeht.

㉚ Amina und Timo fahren mit einem der normalen Aufzüge in das Erdgeschoss. Man merkt, dass es Nachmittag ist, da viel mehr Besucher unterwegs sind als am Vormittag. Auch im Wartebereich zwischen den beiden Ambulanzen ist einiges los. Amina und Timo melden sich bei der Ambulanz 2 und werden sofort in eines der Sprechzimmer geschickt, wo sie eine Schwester erwartet und ihnen zunickt. Sie wendet sich dem Mann vor ihr im Rollstuhl zu. „So, Herr Riether, das sind die beiden Kräfte, die Sie jetzt auf die Station bringen." Amina und Timo begrüßen Herrn Riether. Und die Schwester sagt zu ihnen: „Frau Dr. Neumüller erwartet Herrn Riether auf dem Sprechzimmer der Station. Vielleicht kann einer den Rollstuhl schieben und der andere die Tasche von Herrn Riether nehmen." Timo und Amina machen sich auf den Weg zum Sprechzimmer ihrer Station, das auf der anderen Seite der Teeküche, gegenüber dem Ruheraum, liegt.

Meine Lesespur:

1, ——, ——, ——, ——, ——, ——, ——, ——, ——, ——, ——, ——, ——

Stefan Schäfer: Differenzierte Lesespurgeschichten Deutsch 9/10
© Auer Verlag

Praktikum als Krankenpfleger

Im Rahmen der Beruflichen Orientierung macht Timo derzeit ein zehntägiges Blockpraktikum in der Stadtklinik. Gestern hat Timo Schwester Heike begleitet und vor allem die Station und deren Räumlichkeiten kennengelernt. Heute ist sein zweiter Tag als Praktikant im Krankenhaus.

Wenn du wissen willst, was Timo während seines zweiten Tages im Praktikum in der Station für Chirurgie alles erlebt, beginne bei 1 mit dem Lesen.

(1) Im Schwesternzimmer, dem Aufenthaltsraum für das gesamte Pflegepersonal, trifft sich Timo mit Amina, die in der Stadtklinik ein Freiwilliges Soziales Jahr (FSJ) absolviert. Natürlich dürfen und können FSJler und Praktikanten keine Aufgaben des examinierten Personals ausführen. Deshalb übernehmen sie unterstützende Arbeiten. Timo hat Amina gestern schon kennengelernt. „Also, dann wollen wir mal", sagte Amina. „Was gibt es denn zu tun?", will Timo wissen. „Frühstücktabletts einsammeln. Komm mit zum Abstellraum", antwortet Amina. Der Abstellraum liegt vom Stützpunkt aus gesehen schräg links im Patientenzimmerbereich, direkt neben Patientenzimmer 17.

(2) Nachdem er das Zimmer von Frau Meyer und Frau Lüders verlassen hat, begibt sich Timo zum Stationsstützpunkt, wo ihn auch schon Amina erwartet. „Wir müssen gleich noch einmal ins Erdgeschoss", sagt Amina, „wir sollen in der Ambulanz 2 einen Patienten abholen und ihn in das Stationssprechzimmer begleiten." „Also wieder nach unten", bestätigt Timo.

(3) In der Teeküche müssen Timo und Amina Tee für die Patienten kochen, die sich dann nach Bedarf etwas zu trinken holen können. Das ist eine Aufgabe, die tagsüber alle zwei bis drei Stunden anfällt. Kaum sind Timo und Amina damit fertig, da kommt auch schon Frau Avdic mit einem neuen Auftrag.

Im folgenden Wortgitter findest du acht Wörter (senkrecht und waagerecht), die alle im Krankenhaus häufig gebraucht werden. Schreibe sie heraus. Kleiner Tipp: Jedes Wort ist durch mindestens einen Buchstaben mit einem anderen verbunden.

C	V	B	N	M	L	F	P	I	T
O	P	E	R	A	T	I	O	N	Z
R	F	W	Q	S	S	E	Y	F	X
B	L	U	T	P	G	B	F	A	D
H	A	J	K	R	L	E	M	R	N
Q	S	Y	X	I	C	R	V	K	B
W	T	R	T	T	Z	P	L	T	K
M	E	D	I	Z	I	N	F	G	H
S	R	N	V	E	R	B	A	N	D

Wörter im Gitter: _____

_____

Die Zahl der Buchstaben des kürzesten Wortes ist die Nummer, an der es weitergeht.

Stefan Schäfer: Differenzierte Lesespurgeschichten Deutsch 9/10
© Auer Verlag

④ Richtig, hier geht es weiter. Vor dem Lager steht schon eine ganze Palette mit Verbandsmaterial, das Timo und Amina ordentlich im Lager verstauen sollen. „Was ist eigentlich
ein Freiwilliges Soziales Jahr?", fragt Timo. „Na", antwortet Amina, „da arbeitet man
halt freiwillig im sozialen Bereich und bekommt neben Verpflegung und Unterkunft auch
noch ein Taschengeld. So kann man zum Beispiel einen Berufszweig ausprobieren
oder einmal eine andere Stadt kennenlernen. Mir gefällt es." „Und", fragt Timo nach,
„kannst du dir vorstellen, Krankenpflegerin zu werden?" „Auf jeden Fall", sagt Amina
mit voller Überzeugung. Nachdem Amina und Timo das Lager fertig aufgefüllt haben,
müssen sie das Mittagessen verteilen und danach gleich wieder die Tabletts vom Mittagessen einsammeln. Als sie damit fertig sind, haben sie selbst Mittagspause, die sie
im Schwesternzimmer verbringen.

**Wenn du wissen willst, wie es nach der Mittagspause für Timo und Amina wei-
tergeht, ergänze in dem folgenden magischen Quadrat die fehlenden Zahlen. Die
Zahl, die sich noch nicht auf deiner Lesespur befindet, ist die gesuchte.**

16		2	13
5	10	11	8
9	6	7	12
4		14	1

⑤ Hier bist du falsch. Das Ärztezimmer wird im Text nicht erwähnt. Vielleicht verwechselst
du es mit dem Sprechzimmer der chirurgischen Station. Lies noch einmal an der letzten
Stelle nach, an der du sicher richtig warst.

⑥ Der Ruheraum wird im Text als Orientierungspunkt erwähnt. Lies noch einmal bei 30
nach, wohin Amina und Timo mit Herrn Riether von der Ambulanz aus gehen.

⑦ Hier bist du falsch. Das Personal-WC wird im Text nicht erwähnt. Lies noch einmal an
der letzten Stelle nach, an der du sicher richtig warst.

⑧ Nachdem Amina und Timo mit Herrn Riether beim Sprechzimmer der chirurgischen
Station angekommen sind, klopfen sie dort an. „Herein!", ist von innen zuhören. Amina
öffnet die Tür und sagt: „Wir bringen Herrn Riether von der Ambulanz." „Prima, kommt
herein. Guten Tag, Herr Riether. Ich bin Dr. Neumüller, Oberärztin hier an der Chirurgie.
Einen kleinen Moment noch bitte." Damit wendet sie sich Timo und Amina zu: „Nehmt
bitte gerade noch den benutzten Infusionsständer hier in den Unreinraum mit." Amina
und Timo nicken und machen sich auf den Weg. Der Unreinraum liegt gegenüber von
Patientenzimmer 9.

⑨ Richtig, in den sogenannten Unreinraum werden alle schmutzigen Sachen wie z.B.
Waschschüsseln oder Urinflaschen gebracht, die dann von einem Reinigungsteam
geputzt werden müssen. Hierhin bringen Timo und Amina auch den gebrauchten Infusionsständer aus dem Sprechzimmer der chirurgischen Station. Für Amina und Timo
nähert sich langsam die Feierabendzeit. Sie müssen jetzt nur noch das Abendessen
verteilen. Dann haben sie es für heute geschafft. „Ganz schön anstrengend", denkt
Timo, als er später erschöpft das Krankenhaus verlässt.

Stefan Schäfer: Differenzierte Lesespurgeschichten Deutsch 9/10
© Auer Verlag

(10) Genau, hier ist der Abstellraum, wo sich auch die beiden Tablettwagen befinden, in die Amina und Timo jetzt aus allen Patientenzimmern die Tabletts vom Frühstück einräumen. Amina und Timo arbeiten dabei gemeinsam Zimmer für Zimmer ab und fragen alle Patienten, wie es ihnen geschmeckt hat. Die meisten Patienten sind dabei dankbar für die freundliche Ansprache der beiden jungen Leute. Nach etwa einer halben Stunde haben sie den ersten Tablettwagen gefüllt, nun machen sie sich an den zweiten. Und wieder eine halbe Stunde später ist auch dieser gefüllt. „Müssen wir die Wagen jetzt in die Küche bringen?", will Timo wissen. „Nein", antwortet Amina, „die bleiben hier im Abstellraum stehen. Wenn die Küchenleute nachher das Mittagessen bringen, nehmen sie die Tablettwagen vom Frühstück gleich wieder mit. So spart man sich Wege." „Praktisch", meint Timo, „und was machen wir jetzt?" „Wir müssen jetzt Frau Lüders aus Zimmer 6 in den OP-Saal bringen. Unterwegs fragen wir noch am Stützpunkt nach, in welchen OP-Saal sie muss." „Also auf zu Frau Lüders!", meint Timo.

(11) Das Patientenzimmer 17 wird im Text nur als Orientierungspunkt genannt. Lies noch einmal bei 1 nach, wie es für Timo weitergeht.

(12) „Hallo, Frau Lüders!", grüßen Amina und Timo freundlich. „Wir bringen Sie jetzt zum Operationssaal. Dann haben Sie es bald geschafft!" Die ältere Dame nickt und lächelt gequält, sagt aber nichts. Amina zeigt Timo, wie man die Verriegelung der Rollen an den Bettbeinen löst, dann schieben die beiden das Bett mit Frau Lüders zu den Aufzügen für den hausinternen Gebrauch.

(13) Patientenzimmer 9 wird im Text nur als Orientierungspunkt genannt. Lies noch einmal bei 8 nach, wohin Timo und Amina als Nächstes gehen.

(14) Das Badezimmer wird in der Geschichte erwähnt, ist aber nicht Teil der Lesespur. Lies noch einmal bei 15 nach, wie es für Timo und Amina genau weitergeht.

(15) Genau, hier geht es für Amina und Timo nach ihrer Mittagspause weiter. Hier, im Patientenzimmer 16, sollen die beiden Herrn Schwarz abholen und ins Patientenbad bringen, weil sich Herr Schwarz im Moment nicht selbst pflegen kann. Nachdem sie Herrn Schwarz in seinem Bett ins Bad gefahren haben, müssen sie zum Aufwachraum gegenüber von Operationsaal 1 im Zwischengeschoss. Frau Lüders ist nach ihrer Operation wieder aufgewacht und muss nun zurück auf ihr Zimmer gebracht werden.

(16) „Wow, damit bin ich gestern noch nicht gefahren", meint Timo, „warum gibt es die eigentlich?" „Na ja", antwortet Amina, „zum einen natürlich, dass man in Notfällen nicht lange auf den Aufzug warten muss bzw. der von Besuchern blockiert ist. Aber dann gibt es noch einen Grund. Schau!" Und nun drückt Amina auf den Knopf „ZG". „Das steht für 'Zwischengeschoss'", erklärt sie. „Da warst du dann ja gestern auch noch nicht, oder?" „Nein", schüttelt Timo den Kopf, „aber da sind wahrscheinlich die Operationssäle, oder?" „Genau", sagt Amina, „und noch andere Räumlichkeiten, die nur für Personal und Patienten sind. Als normaler Besucher kommst du hier auch nicht über die Treppe hin." Der Aufzug hält. „So", sagt Amina. „Wir müssen zum OP 2."

(17) Die Besucher-Aufzüge werden in der Geschichte zwar erwähnt, sind aber nicht Teil der Lesespur. Lies noch einmal bei 30 genau nach.

Stefan Schäfer: Differenzierte Lesespurgeschichten Deutsch 9/10
© Auer Verlag

⑱ Im Aufwachraum werden die beiden schon von einer Schwester erwartet, die sie zum Bett von Frau Lüders führt. Als Amina und Timo am Bett sind, ist Frau Lüders gerade wieder eingenickt. „Das macht nichts", sagt die Schwester, „ihr könnt sie trotzdem zurückbringen. Wenn Frau Lüders aber aufwacht, müsst ihr ihr natürlich erklären, dass ihr sie auf ihr Zimmer bringt." Tatsächlich wird Frau Lüders auch wieder wach, als sie im Aufzug sind. „Alles in Ordnung, Frau Lüders, die Operation ist vorbei. Wir bringen Sie wieder auf Ihr Zimmer." Frau Lüders ist sichtlich erleichtert. Im Zimmer 6 wird Timo dann von der Bettnachbarin von Frau Lüders angesprochen: „Junger Mann, könnten Sie vielleicht so freundlich sein, mir unten im Geschäft im Erdgeschoss ein paar Kleinigkeiten zu besorgen?" Timo blickt fragend zu Amina. Und Amina sagt: „Das geht schon in Ordnung. Wir sind ja da, um den Patienten zu helfen. Dann geh' du runter. Ich schaue inzwischen noch einmal im Badezimmer vorbei. Treffen wir uns in einer Viertelstunde am Stützpunkt." „Einverstanden", sagt Timo, und lässt sich von der Frau erklären, was sie möchte. Dann macht er sich auf den Weg ins Geschäft, das im Eingangsbereich des Erdgeschosses der Anmeldung genau gegenüber liegt.

⑲ Hier bist du falsch. Die Röntgen-Abteilung wird im Text nicht erwähnt. Lies noch einmal an der letzten Stelle nach, an der du sicher richtig warst.

⑳ Hier bist du falsch. Das Labor wird im Text nicht erwähnt. Lies noch einmal an der letzten Stelle nach, an der du sicher richtig warst.

㉑ Der Operationssaal 1 wird im Text nur als Orientierungspunkt genannt. Lies noch einmal bei 15 nach, wie es für Timo und Amina genau weitergeht.

㉒ Genau, hier vor dem Operationssaal 2 halten die beiden das Bett mit Frau Lüders an. Amina klingelt neben der automatischen Schiebetür des OP-Saals. Schon kurz darauf öffnet eine OP-Schwester. „Hallo, Sie sind Frau Lüders?", fragt sie und nickt auch Amina und Timo zu. Und als Frau Lüders nickt, fährt sie fort: „Na prima, ich bin Schwester Anja. Ich bringe sie jetzt zu unserer Anästhesistin. Das sind alles super Leute, seien Sie ganz unbesorgt!" Und noch einmal nickt sie Amina und Timo zu, die sich nun wieder auf den Rückweg machen und Frau Lüders ein „Bis später!" zurufen. „Wie geht es für uns jetzt weiter?", fragt Timo. „Wir müssen jetzt zur Teeküche", sagt Amina, „das hat mir Frau Avdic, die heute die Station leitet, schon gleich heute Morgen gesagt."

㉓ Der Operationssaal 3 wird im Text nicht erwähnt. Lies noch einmal an der letzten Stelle nach, an der du sicher richtig warst.

㉔ Die Cafeteria wird im Text nicht erwähnt. Lies noch einmal an der letzten Stelle nach, an der du sicher richtig warst.

㉕ Hier im Geschäft kauft Timo für Frau Meyer, der Bettnachbarin von Frau Lüders aus Zimmer 6, eine Rätsel- und eine Frauenzeitschrift, außerdem eine Rolle mit Butterkeksen. Dann bringt Timo die Einkäufe Frau Meyer, die sich sehr freut und Timo auch ein kleines Trinkgeld gibt. „Vielen Dank, junger Mann, da haben Sie mir aber wirklich einen großen Gefallen getan!" Timo bedankt sich ebenfalls und macht sich wie mit Amina verabredet auf den Weg zum Stationsstützpunkt, der in der Mitte des Korridors der Abteilung für Chirurgie liegt.

㉖ Die Information wird im Text nicht erwähnt. Lies noch einmal an der letzten Stelle nach, an der du sicher richtig warst.

Stefan Schäfer: Differenzierte Lesespurgeschichten Deutsch 9/10
© Auer Verlag

㉗ Die Anmeldung wird im Text nur als Orientierungspunkt genannt. Lies noch einmal bei 18 nach, wo Timo als Nächstes hingeht.

㉘ Die Ambulanz 1 wird im Text nicht erwähnt, vielleicht verwechselst du sie mit der Ambulanz 2. Lies noch einmal bei 2 genau nach.

㉙ Der Wartebereicht wird im Text zwar erwähnt, ist aber nicht Teil der Lesespur. Lies noch einmal bei 30 genau nach, wie es für Timo und Amina weitergeht.

㉚ Amina und Timo fahren mit einem der normalen Aufzüge in das Erdgeschoss. Man merkt, dass es Nachmittag ist, da viel mehr Besucher unterwegs sind als am Vormittag. Auch im Wartebereich zwischen den beiden Ambulanzen herrscht reger Betrieb. Amina und Timo melden sich bei der Anmeldung der Ambulanz 2 und werden sofort in eines der Sprechzimmer geschickt, wo sie eine Schwester erwartet und ihnen zunickt. Sie wendet sich dem Mann vor ihr im Rollstuhl zu. „So, Herr Riether, das sind die beiden Kräfte von der Chirurgie. Die begleiten Sie jetzt auf die Station." Amina und Timo begrüßen Herrn Riether. Und die Schwester sagt zu ihnen: „Frau Dr. Neumüller erwartet Herrn Riether auf dem Stationssprechzimmer. Vielleicht kann einer den Rollstuhl schieben und der andere die Tasche von Herrn Riether nehmen." Nachdem sich die Schwester von Herrn Riether verabschiedet hat, machen sich Timo und Amina auf den Weg zum Sprechzimmer der chirurgischen Station, das auf der anderen Seite der Teeküche, gegenüber dem Ruheraum, liegt.

Meine Lesespur:

1, ——— , ——— , ——— , ——— , ——— , ——— , ——— , ——— , ——— , ——— , ——— , ——— , ———

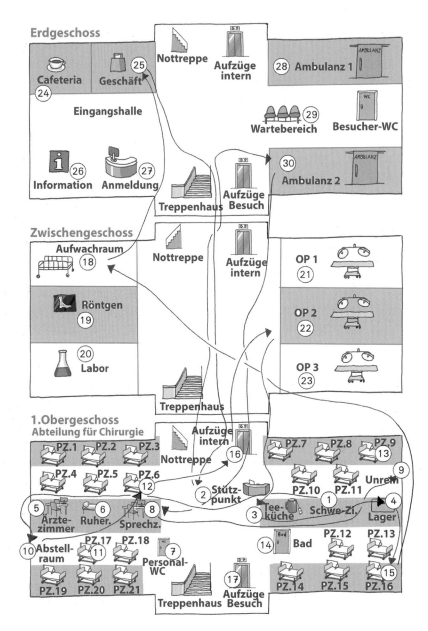

Meine Lesespur: 1, _10_ , _12_ , _16_ , _22_ , _3_ , _4_ , _15_ , _18_ , _25_ , _2_ , _30_ , _8_ , _9_

Lösung zu ③: Wörter im Gitter: Operation; Pflaster; Blut; Fieber; Medizin; Infarkt; Spritze; Verband, kürzestes Wort ist „Blut" mit 4 Buchstaben. Die Geschichte geht also bei 4 weiter.

C	V	B	N	M	L	F	P	I	T
O	P	E	R	A	T	I	O	N	Z
R	F	W	Q	S	S	E	Y	F	X
B	L	U	T	P	G	B	F	A	D
H	A	J	K	R	L	E	M	R	N
Q	S	Y	X	I	C	R	V	K	B
W	T	R	T	I	Z	P	L	T	K
M	E	D	I	Z	I	N	F	G	H
S	R	N	V	E	R	B	A	N	D

Stefan Schäfer: Differenzierte Lesespurgeschichten Deutsch 9/10
© Auer Verlag

Lösung zu ④: Es fehlt die 15 (Es handelt sich um ein magisches Quadrat, bei dem die Zahlen jeder Reihe und Spalte immer 34 ergeben müssen). Die Geschichte geht also bei 15 weiter.

Lösung zu ④: Es fehlen die 3 (oben) und die 15 (unten; es handelt sich um ein magisches Quadrat, bei dem die Zahlen jeder Reihe und Spalte immer 34 ergeben müssen). Die Geschichte geht also bei 15 weiter.

Auszug Stadtplan Dresden

Schlossplatz — Schlossstraße

Elbe **27**

Turm **18**

15 Westflügel

Fenster — **6** **16**

Kapelle **14**

Augustusbrücke **11**

Residenzschloss **13**

Taschenbergstraße **19**

12 Katholische Hofkirche

Sophienstraße — **17** Sophienstraße

Grundriss des Historischen Grünen Gewölbes

Fenster **16**

2 Bernstein-Kabinett

Elfenbein-zimmer **3**

4

5 Silber-vergoldetes Zimmer

Vorge-wölbe **1**

Weißsilber-Zimmer

Pretiosen-saal

10 Renaissance-Bronzen

Bronze-zimmer **9**

8 Juwelenzimmer

Wappen-zimmer **7**

6

Juwelenzimmer

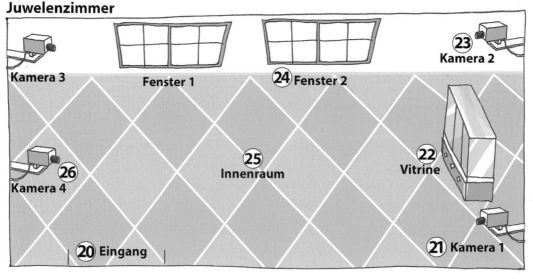

Kamera 3

Fenster 1

24 Fenster 2

23 Kamera 2

26 Kamera 4

25 Innenraum

22 Vitrine

20 Eingang

21 Kamera 1

Stefan Schäfer: Differenzierte Lesespurgeschichten Deutsch 9/10
© Auer Verlag

Der Dresdner Juwelenraub von 2019

In den frühen Morgenstunden des 25. Novembers 2019 kam es in Dresden zu einem der spektakulärsten Kunstraube der jüngeren Zeit.

Wenn du wissen willst, was genau sich an diesem Montag ereignet, beginne bei 1 mit dem Lesen.

① Normale Besucher des Residenzschlosses Dresden betreten im berühmten Historischen Grünen Gewölbe von der Schlosskapelle her kommend zunächst das sogenannte Vorgewölbe, in dem unter anderem die Trinkschale von Iwan dem Schrecklichen zu sehen ist. Von hier geht es zum Rundgang über das Bernstein-Kabinett und Elfenbeinzimmer bis zum Pretiosensaal. Und vom Pretiosensaal geht es durch die gegenüberliegenden Räume wieder zurück.
Doch am 25. November 2019 erhielt das Historische Grüne Gewölbe auch noch ungebetene Besucher. Seinen Ausgang nahm der spektakuläre Kunstraub wohl in der Taschenbergstraße, wo die Täter ihren Wagen abstellten.

② Das Bernstein-Kabinett wird im Text zwar erwähnt, ist aber nicht Teil der Lesespur. Lies noch einmal bei 1 nach, an welchem Ort genau sich die Handlung weiterentwickelt.

③ Das Elfenbeinzimmer wird im Text zwar erwähnt, gehört aber nicht zur Lesespur. Lies noch einmal bei 1 nach, an welchem Ort genau sich die Handlung weiterentwickelt.

④ Das Weißsilberzimmer wird im Text nicht erwähnt, hier bist du also falsch. Lies an der letzten Stelle nach, an der du sicher richtig warst, wie sich die Ereignisse im Weiteren entwickeln.

⑤ Das Silbervergoldete Zimmer, im dem vergoldete Gegenstände aus Silber zu sehen sind, wird im Text nicht erwähnt. Lies an der letzten Stelle nach, an der du sicher richtig warst, wie es weitergeht.

⑥ Im Pretiosensaal lösen die Täter einen der angebrachten Bewegungsmelder aus. Es ist jetzt ziemlich genau 4:57 Uhr. Das Wort „Pretiose" leitet sich dabei vom lateinischen Wort für „kostbar" ab und bedeutet so viel wie „Kostbarkeit". Doch interessieren sich die Einbrecher überhaupt nicht für die Kostbarkeiten im Pretiosensaal, sondern eilen durch das Wappenzimmer in das unmittelbar an das Wappenzimmer angrenzende Juwelenzimmer.

⑦ Das Wappenzimmer wird im Text zwar erwähnt, gehört aber nicht zur Lesespur. Lies noch einmal bei 6 nach, für welches Zimmer sich die Täter genau interessieren.

Stefan Schäfer: Differenzierte Lesespurgeschichten Deutsch 9/10
© Auer Verlag

⑧ Richtig, hier ist das Juwelenzimmer. Und im Juwelenzimmer spielt dann zum ersten Mal eine Kamera eine wichtige Rolle. Denn genau um 4:57 Uhr und 50 Sekunden kommen die Täter in den Blickwinkel der Kamera 4 direkt am Eingang des Juwelenzimmers.

⑨ Das Bronzezimmer, in dem rund 80 Bronzefiguren ausgestellt sind, wird im Text nicht erwähnt. Lies an der letzten Stelle nach, an der du sicher richtig warst, wie sich die Ereignisse im Weiteren entwickeln.

⑩ Das Zimmer mit den Bronzen aus der Zeit der Renaissance (der Zeit nach dem Mittelalter), wird im Text nicht erwähnt, hier bist du also falsch. Lies an der letzten Stelle nach, an der du sicher richtig warst, wie es weitergeht.

⑪ Das Terrassenufer an der Augustusbrücke in unmittelbarer Nähe des Grünen Gewölbes scheint zunächst nichts mit dem Juwelenraub zu tun zu haben. Trotzdem ist ein Stromkasten dort von besonderer Bedeutung. Die Räuber legen hier Feuer. Kurz darauf fällt die Straßenbeleuchtung aus und um 4:55 Uhr wird die Feuerwehr von dem Brand alarmiert. Als die Feuerwehr jedoch eintrifft, sind die Räuber längst am Westflügel des Residenzschlosses angelangt.

Die Feuerwehr muss in dieser Nacht noch ein zweites Mal wegen der Einbrecher ausrücken. Der folgende kurze Text informiert dich darüber. Doch sind in jedem längeren Wort zwei Buchstaben vertauscht, wobei der Anfangs- und Endbuchstabe immer gleich sind. Kannst du den Text trotzdem lesen?

Ggeen 5:10 Uhr wrid die Polziei üebr ein brennednes Fahzreug in enier Tiegfarage auf der Ktözschenbroder Strßae inofrmiert. Drot sthet ein Adui A6 in Flamemn. Die Ttäer haebn den Wgaen angeüzndet, um irhe Spruen zu veriwschen.

⑫ Die Katholische Hofkirche wird im Text zwar erwähnt, ist dort aber nur Orientierungspunkt. Lies noch einmal bei 25 nach, an welchem Ort genau sich die Handlung weiterentwickelt.

⑬ Das Residenzschloss wird zwar immer wieder erwähnt, die 13 selbst ist aber nicht Teil der Lesespur. Lies an der letzten Stelle nach, an der du sicher richtig warst, wie es weitergeht.

⑭ Die Kapelle wird im Text zwar erwähnt, aber nur als Orientierungspunkt. Lies noch einmal bei 1 nach, an welchem Ort genau sich die Handlung weiterentwickelt.

⑮ Hier am Westflügel des Residenzschlosses bist du richtig. Die Räuber wenden sich in dem Teil des Gebäudeflügels, der neben der Katholischen Hofkirche liegt, einem Erdgeschossfenster zu.

Stefan Schäfer: Differenzierte Lesespurgeschichten Deutsch 9/10
© Auer Verlag

(16) Richtig, hier ist das Fenster, durch das die Täter in das Historische Grüne Gewölbe einsteigen. Dazu schneiden sie ein denkmalgeschütztes Außengitter eines Fensters des sogenannten Pretiosensaals durch. Dann hebeln sie mit einem hydraulischen Hebel- und Spreizwerkzeug das Fenster aus. Jetzt können sie mithilfe einer Leiter in den Pretiosensaal einsteigen.

(17) In der Sophienstraße wartet bereits der Fahrer mit dem Fluchtfahrzeug. Als die ersten Polizeibeamten um 5:04 Uhr in der Sophienstraße eintreffen, sind die Juwelenräuber jedenfalls schon wieder fort. Fünf Minuten später, um 5:09 Uhr, sind dann 16 Streifenwagen der Polizei am Museum, doch brennt um diese Zeit bereits das Fluchtfahrzeug in einer Tiefgarage eines Dresdner Stadtteils. Trotz der schnell eingeleiteten Suchmaßnahmen können die Täter nicht gestellt werden.
Schon bald nach der Tat wird das Sicherheitskonzept der Museen Dresdens stark kritisiert, weil es für die Einbrecher viel zu leicht war, in das Gewölbe zu kommen und so wertvolle Stücke zu rauben. Immer noch besteht außerdem der Verdacht, dass das Wachpersonal des Museums den Tätern geholfen hat.

(18) Das ist der sogenannte Hausmannturm. Der Turm ist zwar auf der Karte verzeichnet, wird aber im Text nicht erwähnt, hier bist du also falsch. Lies an der letzten Stelle nach, an der du sicher richtig warst, wie es weitergeht.

(19) Genau, hier ließen die Täter vermutlich ihr Fahrzeug, einen Audi A6, kurzzeitig stehen. Dies dürfte etwa gegen 4:45 Uhr gewesen sein. Der Fahrer wartet im Wagen, die weiteren Täter machen sich zuerst auf den Weg zur Augustusbrücke, die über die Elbe in die Dresdner Neustadt führt.

(20) Der Eingang wird im Text zwar mehrfach erwähnt, gehört selbst aber nicht zur Lesespur. Lies noch einmal bei 23 nach, an welchem Ort genau sich die Handlung weiterentwickelt.

(21) Die Überwachungskamera 1 wird im Text nicht erwähnt, hier bist du also falsch. Vermutlich verwechselst du sie mit einer der anderen Überwachungskameras. Lies am besten noch einmal an der letzten Stelle nach, an der du sicher richtig warst, wie sich die Ereignisse im Weiteren entwickeln.

Stefan Schäfer: Differenzierte Lesespurgeschichten Deutsch 9/10
© Auer Verlag

㉒ Aus der Vitrine entwenden die Diebe einige größere Objekte, darunter einen diamantenbesetzten Kopfschmuck, eine große Diamantrose oder einen diamantenbesetzten Orden. Anschließend wenden sich die Einbrecher wieder dem Innenraum des Juwelenzimmers zu.

Der größte einzelne Stein, der erbeutet worden ist, ist der sogenannte Sächsische Weiße Diamant, der sich seit 1728 in sächsischem Besitz befand, und knapp 50 Karat schwer ist. Ein Karat wiegt 0,2 gr. Welche beiden der folgenden vier Gewichtsangaben für den ganzen Stein mit seinen 50 Karat sind richtig. Kreuze an.

☐ *10 gr.*   ☐ *1000 mg.*   ☐ *0,1 kg*   ☐ *0,01 kg*

㉓ Ja, Überwachungskamera 2 filmt die Einbrecher, wie sie sich der Vitrine schräg gegenüber dem Eingang nähern. Einer der Täter bearbeitet mit einer Axt das Fenster der Vitrine. Er braucht mehrere feste Schläge, bis das Glas nachgibt. Den Film kann man übrigens im Internet ansehen. Endlich können sich die Täter aus der Vitrine bedienen.

㉔ Die Fenster im Juwelenzimmer werden zwar erwähnt, aber nur als Orientierungspunkt für die Lage einer Überwachungskamera. Lies noch einmal bei 26 nach, an welchem Ort genau sich die Handlung weiterentwickelt.

㉕ Bevor die Einbrecher aus dem Innenraum des Juwelenzimmers verschwinden, leeren sie hier noch einen Pulverfeuerlöscher, um Spuren zu zerstören. Dann gehen sie auf demselben Weg zurück und erreichen noch vor 5:04 Uhr wieder die Sophienstraße.

㉖ Richtig, das ist die Kamera, die die Täter beim Betreten des Zimmers aufnimmt und dafür sorgt, dass die Wachleute des Museums den Einbruch im weiteren Verlauf beobachten können. Selbst etwas unternehmen dürfen die Wachleute aus Sicherheitsgründen nicht. Sie rufen aber umgehend die Polizei, wo um 4:58 Uhr der Notruf eingeht. Zu diesem Zeitpunkt sind die Räuber bereits im Blickfeld von Kamera 2 rechts neben dem Fenster.

㉗ Die Elbe wird im Text zwar erwähnt, ist aber nur Orientierungspunkt. Lies noch einmal bei 19 nach, an welchem Ort genau sich die Handlung weiterentwickelt.

Meine Lesespur:

1, ——, ——, ——, ——, ——, ——, ——, ——, ——, ——, ——

Stefan Schäfer: Differenzierte Lesespurgeschichten Deutsch 9/10
© Auer Verlag

Der Dresdner Juwelenraub von 2019

In den frühen Morgenstunden des 25. Novembers 2019 kam es in Dresden zu einem der spektakulärsten Kunstraube der jüngeren Zeit.

Wenn du wissen willst, was genau sich an diesem Montag ereignet, beginne bei 1 mit dem Lesen.

1. Gewöhnliche Besucher des Residenzschlosses Dresden betreten im berühmten Historischen Grünen Gewölbe von der Schlosskapelle her kommend zunächst das sogenannte Vorgewölbe, in dem unter anderem die Trinkschale von Iwan dem Schrecklichen oder der Mundbecher und Siegelring Martin Luthers zu sehen sind. Von hier aus geht es zum Rundgang über das Bernstein-Kabinett und Elfenbeinzimmer bis zum Pretiosensaal und von da aus durch die westlich gelegenen Räume wieder zurück.
   Doch am 25. November 2019 erhielt das Historische Grüne Gewölbe auch noch andere, ungebetene Besucher. Seinen Ausgang nahm der spektakuläre Kunstraub wohl in der Taschenbergstraße, wo die Täter ihren Wagen abstellten.

2. Das Bernstein-Kabinett wird im Text zwar erwähnt, ist aber nicht Teil der Lesespur. Lies noch einmal bei 1 nach, an welchem Ort genau sich die Handlung weiterentwickelt.

3. Das Elfenbeinzimmer wird im Text zwar erwähnt, gehört aber nicht zur Lesespur. Lies noch einmal bei 1 nach, an welchem Ort genau sich die Handlung weiterentwickelt.

4. Das Weißsilberzimmer mit Figuren aus Weißsilber wird im Text nicht erwähnt, hier bist du also falsch. Lies an der letzten Stelle nach, an der du sicher richtig warst, wie sich die Ereignisse im Weiteren entwickeln.

5. Das sogenannte Silbervergoldete Zimmer, im dem vergoldete Gegenstände aus Silber zu sehen sind, wird im Text nicht erwähnt, hier bist du also falsch. Lies an der letzten Stelle nach, an der du sicher richtig warst, wie es weitergeht.

6. Im Pretiosensaal lösen die Täter mindestens einen der angebrachten Bewegungsmelder aus. Es ist jetzt ziemlich genau 4:57 Uhr. Der Pretiosensaal ist übrigens der größte Ausstellungsraum des Grünen Gewölbes. Das Wort „Pretiose" leitet sich dabei vom lateinischen Wort für „kostbar" ab und bedeutet so viel wie „Kostbarkeit". Doch interessieren sich die Einbrecher überhaupt nicht für die Kostbarkeiten im fast vollkommen verspiegelten Pretiosensaal, sondern eilen durch das Wappenzimmer in das unmittelbar an das Wappenzimmer angrenzende Juwelenzimmer.

7. Das Wappenzimmer wird im Text zwar erwähnt, gehört aber nicht zur Lesespur. Lies noch einmal bei 6 nach, für welches Zimmer sich die Täter nach dem Betreten des Museums genau interessieren.

8. Richtig, hier ist das Juwelenzimmer des Historischen Grünen Gewölbes. Und im Juwelenzimmer spielt dann zum ersten Mal eine Überwachungskamera eine wichtige Rolle. Denn genau um 4:57 Uhr und 50 Sekunden kommen die Täter in den Blickwinkel der Kamera 4 direkt am Eingang des Juwelenzimmers.

9. Das Bronzezimmer, in dem rund 80 Bronzefiguren auf Sockeln ausgestellt sind, wird im Text nicht erwähnt. Lies an der letzten Stelle nach, an der du sicher richtig warst, wie sich die Ereignisse im Weiteren entwickeln.

Stefan Schäfer: Differenzierte Lesespurgeschichten Deutsch 9/10
© Auer Verlag

(10) Das Zimmer mit den Bronzen aus der Zeit der Renaissance (der Zeit nach dem Mittelalter im 15. und 16. Jahrhundert), wird im Text nicht erwähnt, hier bist du also falsch. Lies an der letzten Stelle nach, an der du sicher richtig warst, wie es weitergeht.

(11) Auch wenn das Terrassenufer an der Augustusbrücke in unmittelbarer Nähe des Grünen Gewölbes zunächst nichts mit dem Juwelenraub zu tun zu haben scheint, so ist doch ein Stromkasten dort von besonderer Bedeutung. Die Räuber legen hier Feuer, denn die Kabel versorgen auch die Gebäude der Staatlichen Kunstsammlungen Dresden. Kurz darauf fällt auch die Straßenbeleuchtung aus und um 4:55 Uhr wird die Feuerwehr von dem Brand alarmiert. Als die Feuerwehr jedoch eintrifft, sind die Räuber längst am Westflügel des Residenzschlosses angelangt.

Die Feuerwehr muss in dieser Nacht noch ein zweites Mal wegen der Einbrecher ausrücken. Der folgende kurze Text informiert dich darüber. Doch sind in jedem längeren Wort zwei Buchstaben vertauscht, wobei der Anfangs- und Endbuchstabe immer gleich sind. Kannst du den Text trotzdem lesen?

Ggeen 5:10 Uhr wrid die Polziei üebr ein brennednes Fahzreug in enier Tiegfarage auf der Ktözschenbroder Strßae inofrmiert. Drot sthet ein Adui A6 in Flamemn. Die Ttäer haebn den Wgaen angeüzndet, um irhe Spruen zu veriwschen.

(12) Die Katholische Hofkirche wird im Text zwar erwähnt, ist dort aber nur Orientierungspunkt. Lies noch einmal bei 25 nach, an welchem Ort genau sich die Handlung weiterentwickelt.

(13) Das Residenzschloss wird zwar immer wieder erwähnt, die 13 selbst ist aber nicht Teil der Lesespur. Lies an der letzten Stelle nach, an der du sicher richtig warst, wie es weitergeht.

(14) Die Kapelle wird im Text zwar als „Schlosskapelle" erwähnt, dient dort aber nur als Orientierungspunkt. Lies noch einmal bei 1 nach, an welchem Ort genau sich die Handlung weiterentwickelt.

(15) Hier am Westflügel des Residenzschlosses bist du richtig. Die Räuber wenden sich in dem Teil des Gebäudeflügels, der neben der Katholischen Hofkirche liegt, einem Erdgeschossfenster zu.

(16) Richtig, hier ist das Fenster, durch das die Täter in das Historische Grüne Gewölbe einsteigen. Dazu durchtrennen sie ein historisches, denkmalgeschütztes Außengitter eines Fensters des sogenannten Pretiosensaals und hebeln dann mit einem hydraulischen Hebel- und Spreizwerkzeug das Fenster aus. Jetzt können sie mithilfe einer Leiter in den Pretiosensaal einsteigen.

(17) In der Sophienstraße wartet bereits der Fahrer mit dem Fluchtfahrzeug. Als die ersten Polizeibeamten um 5:04 Uhr in der Sophienstraße eintreffen, sind die Juwelenräuber jedenfalls schon wieder fort. Fünf Minuten später, um 5:09 Uhr, sind dann insgesamt 16 Streifenwagen der Polizei am Museum, doch brennt um diese Zeit bereits das Fluchtfahrzeug in einer Tiefgarage eines Dresdner Stadtteils. Trotz der schnell eingeleiteten Suchmaßnahmen können die Täter nicht gestellt werden.
Schon bald nach der Tat wird dann Kritik am Sicherheitskonzept der Museen Dresdens laut, denn nach Ansicht vieler Experten, war es für die Einbrecher viel zu leicht, in das Gewölbe einzudringen und so wertvolle Stücke zu rauben. Immer noch steht außerdem der Vorwurf im Raum, das Wachpersonal des Museums habe den Tätern geholfen.

Stefan Schäfer: Differenzierte Lesespurgeschichten Deutsch 9/10
© Auer Verlag

(18) Das ist der sogenannte Hausmannturm, der älteste heute noch existierende Teil des Residenzschlosses in Dresden. Der Turm ist zwar auf der Karte verzeichnet, wird aber im Text nicht erwähnt, hier bist du also falsch. Lies an der letzten Stelle nach, an der du sicher richtig warst, wie es weitergeht.

(19) Genau, hier ließen die Täter vermutlich ihr Fahrzeug, einen Audi A6, Baujahr 2006, kurzzeitig stehen. Dies dürfte etwa gegen 4:45 Uhr gewesen sein. Während der Fahrer im Wagen wartet, machen sich die weiteren Täter zuerst auf den Weg zur Augustusbrücke, die über die Elbe in die Dresdner Neustadt führt.

(20) Der Eingang wird im Text zwar mehrfach erwähnt, gehört selbst aber nicht zur Lesespur. Lies noch einmal bei 23 nach, an welchem Ort genau sich die Handlung weiterentwickelt.

(21) Die Überwachungskamera 1 wird im Text nicht erwähnt, hier bist du also falsch. Vermutlich verwechselst du sie mit einer der anderen Überwachungskameras. Lies am besten noch einmal an der letzten Stelle nach, an der du sicher richtig warst, wie sich die Ereignisse im Weiteren entwickeln.

(22) Aus der Vitrine entwenden die Diebe insgesamt elf größere Objekte, darunter einen diamantenbesetzten Kopfschmuck (eine sogenannte „Aigrette"), eine große Diamantrose oder den diamantenbesetzten Polnischen Weißen Adler-Orden sowie eine Reihe weiterer wertvoller Stücke. Anschließend wenden sich die Einbrecher wieder dem Innenraum des Juwelenzimmers zu.

Der größte einzelne Stein, der erbeutet worden ist, ist der sogenannte Sächsische Weiße Diamant, der sich seit 1728 in sächsischem Besitz befand, und knapp 50 Karat schwer ist. Ein Karat wiegt 200 Milligramm. Welche der folgenden Gewichtsangaben für den ganzen Stein mit seinen 50 Karat sind richtig. Kreuze an.

☐ *10 gr.*   ☐ *1000 mg.*   ☐ *0,1 kg*   ☐ *0,01 kg*

(23) Ja, Überwachungskamera 2 filmt zwei Einbrecher mit Taschenlampen, die sich der Vitrine schräg gegenüber dem Eingang nähern. Einer der Täter bearbeitet da mit einer Axt das Vitrinenfenster. Es braucht mehrere feste Schläge, bis das Glas schließlich nachgibt. Der Film ist übrigens im Internet verfügbar und kann mit den entsprechenden Suchwörtern leicht über eine Suchmaschine recherchiert werden. Endlich können sich die Täter aus der Vitrine bedienen.

(24) Die Fenster im Juwelenzimmer selbst werden zwar erwähnt, aber nur als Orientierungspunkt für die Position einer Überwachungskamera. Lies noch einmal bei 26 nach, an welchem Ort genau sich die Handlung weiterentwickelt.

(25) Bevor sich die Einbrecher aus dem Innenraum des Juwelenzimmers zurückziehen, um ihre Flucht anzutreten, leeren sie am Tatort einen Pulverfeuerlöscher, um ihre Spuren zu verwischen. Dann gehen sie auf demselben Weg zurück und erreichen noch vor 5:04 Uhr wieder die Sophienstraße, von wo aus sie nur wenige Minuten zuvor in den Pretiosensaal eingestiegen sind.

Stefan Schäfer: Differenzierte Lesespurgeschichten Deutsch 9/10
© Auer Verlag

㉖ Richtig, das ist die Überwachungskamera, die die Täter beim Betreten des Zimmers aufnimmt und dafür sorgt, dass die Wachleute des Museums den weiteren Verlauf des Einbruchs beobachten können. Persönlich einschreiten dürfen die Wachleute aus Sicherheitsgründen jedoch nicht. Sie informieren aber umgehend die Polizei, wo eine Minute später, um 4:58 Uhr, der Notruf aus dem Museum eingeht. Zu diesem Zeitpunkt sind die Räuber bereits im Blickfeld von Überwachungskamera 2 rechts neben dem Fenster.

㉗ Die Elbe wird im Text zwar im Zusammenhang mit der Augustusbrücke erwähnt, ist dort aber nur Orientierungspunkt. Lies noch einmal bei 19 nach, an welchem Ort genau sich die Handlung weiterentwickelt.

Meine Lesespur:

1, ——, ——, ——, ——, ——, ——, ——, ——, ——, ——, ——

Stefan Schäfer: Differenzierte Lesespurgeschichten Deutsch 9/10
© Auer Verlag

Der Dresdner Juwelenraub von 2019

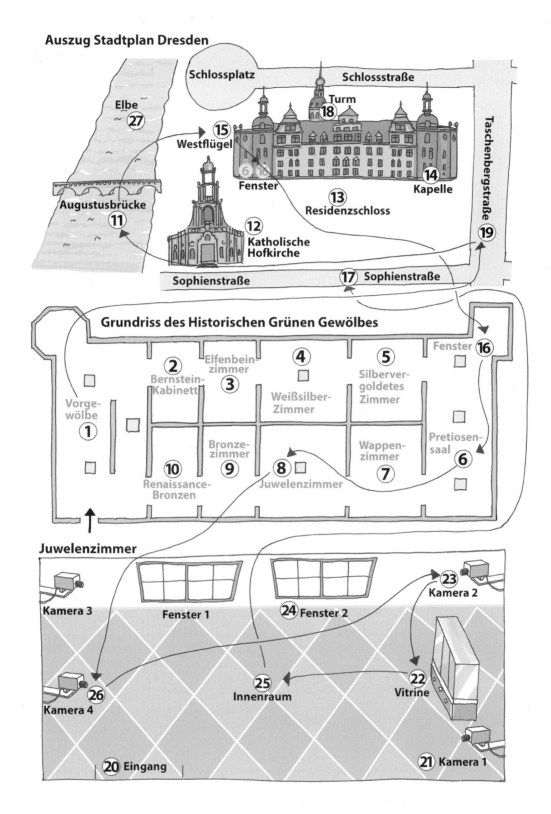

Meine Lesespur: 1, __19__, __11__, __15__, __16__, __6__, __8__, __26__, __23__, __22__, __25__, __17__

Lösung zu ⑪: Gegen 5:10 Uhr wird die Polizei über ein brennendes Fahrzeug in einer Tiefgarage auf der Kötzschenbroder Straße informiert. Dort steht ein Audi A6 in Flammen. Die Täter haben den Wagen angezündet, um ihre Spuren zu verwischen.

Lösung zu ㉒: Richtig sind 10 gr. und 0,01 kg. Der Stein hat 50 Karat. 1 Karat wiegt 200 mg. 50 Karat wiegen also 10 000 mg (da 50 x 200 = 10 000). 10 000 mg = 10 gr. = 0,01 kg.

Stefan Schäfer: Differenzierte Lesespurgeschichten Deutsch 9/10
© Auer Verlag

Außenbereich

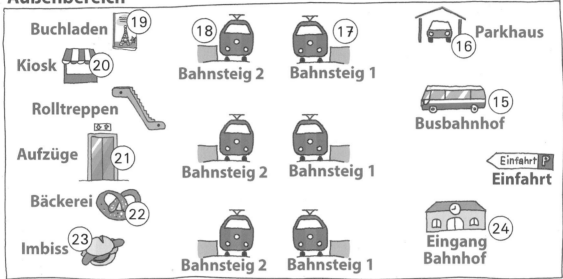

Buchladen (19)

Kiosk (20)

(18) Bahnsteig 2   Bahnsteig 1 (17)

(16) Parkhaus

Rolltreppen

Aufzüge (21)

(15) Busbahnhof

Bahnsteig 2   Bahnsteig 1

Einfahrt P
Einfahrt

Bäckerei (22)

Imbiss (23)

Bahnsteig 2   Bahnsteig 1

(24) Eingang Bahnhof

Eingangshalle

Airline FLY

EXIT
EXIT (10)

Check-in
(2)
Check-in-Schalter

(5) POLIZEI
Bundespolizei Wache

(6) POLIZEI
Leitstelle

Airline GO

Rolltreppen

Aufzüge (11)

(12) **Autovermietung**

Info-Point i (1)

Restaurant (9)

Sicherheits-Kontrolle (3)

(4) **Ausgang**

(7) **Zoll Kontrolle**

Reisebüro

Shop A

Café (13)

Shop B

(14) **EXIT**

(8) Wache ZOLL

Terminal

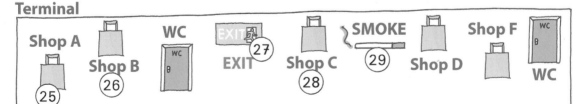

Shop A

Shop B (26)

WC
WC B

EXIT (27)
EXIT

Shop C (28)

SMOKE
(29)

Shop D

Shop F

WC B
WC

(25)

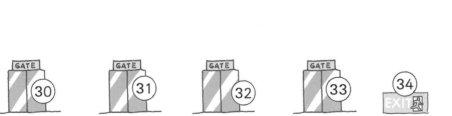

GATE (30)   GATE (31)   GATE (32)   GATE (33)   (34) EXIT   GATE (35)

Gate 1   **Gate 2**   **Gate 3**   **Gate 4**   **EXIT**   **Gate 5**

Stefan Schäfer: Differenzierte Lesespurgeschichten Deutsch 9/10
© Auer Verlag

Bei der Bundespolizei am Flughafen

Erik und Paula haben heute einen aufregenden Tag vor sich. Sie dürfen als Reporter der Schülerzeitung „LUPE" einen Vormittag bei der Bundespolizei am Flughafen verbringen und sogar manchmal die Beamten bei ihrer Arbeit begleiten.

Wenn du wissen willst, was Erik und Paula bei ihrem Besuch bei der Polizei am Flughafen alles erleben, beginne bei 1 mit dem Lesen.

(1) Erik und Paula sind um 7:30 Uhr am Info-Point des Flughafens mit Polizeirat Seifert verabredet. Herr Seifert begrüßt die beiden Reporter freundlich und erklärt ihnen auf dem Weg zur Leitstelle: „Hier am Flughafen hat die Bundespolizei viele Aufgaben. Sie ist vor allem für den Grenzschutz zuständig und übernimmt auch Aufgaben der Bahnpolizei. Ihr könnt heute zwei Beamten begleiten und ihre Arbeit beobachten. Aus rechtlichen Gründen könnt und dürft ihr natürlich nicht immer dabei sein. Ich erkläre euch das gleich genauer." Inzwischen haben Polizeirat Seifert, Erik und Paula die Leitstelle der Bundespolizei erreicht, die zwischen den Check-in-Schaltern und der Sicherheits-Kontrolle liegt.

(2) Der Check-in-Schalter wird in der Geschichte mehrfach als Orientierungspunkt erwähnt, ist selbst aber nicht Teil der Lesespur. Lies am besten noch einmal an der letzten Stelle nach, an der du sicher richtig warst, wie sich die Ereignisse weiterentwickeln.

(3) Richtig, hier an der Sicherheits-Kontrolle treffen Erik und Paula wieder die beiden Polizisten, die sie mit auf einen Kontrollgang im Terminal nehmen. Sie laufen gerade zwischen Gate 3 und 4, als sie vor dem Raucherbereich (SMOKE) gegenüber von Gate 4 einen lautstarken Streit bemerken.

(4) Der Ausgang vom Terminal in die Eingangshalle wird in der Geschichte nicht erwähnt. Hier bist du also falsch. Lies am besten noch einmal an der letzten Stelle nach, an der du sicher richtig warst, wo die Handlung weitergeht.

(5) Als Polizeirat Seifert, Erik und Paula die Wache erreichen, kommen auch schon zwei Polizisten. „Das sind Polizeiobermeisterin Mladic und Polizeihauptmeister Reiners. Die beiden bilden heute ein Team, das ihr begleiten dürft. Und das sind Erik und Paula." Nachdem sich alle begrüßt haben, schickt Herr Seifert die Polizisten auf eine Routinestreife zum Busbahnhof.

Stefan Schäfer: Differenzierte Lesespurgeschichten Deutsch 9/10
© Auer Verlag

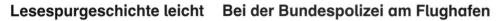

⑥ Das ist die Leitstelle der Bundespolizei. Hier werden die verschiedenen Teams in ihre Einsätze geschickt. Und hier können sich Erik und Paula auch aufhalten und die Arbeit ihres Teams verfolgen, wenn sie es nicht begleiten dürfen. Polizeirat Seifert stellt die beiden Reporter der Kommissarin vor, die an in Leitstelle arbeitet: „Barbara, das sind die beiden Reporter, von denen ich dir schon erzählt habe, Erik und Paula. Und das ist Polizeioberkommissarin Salice, die euch heute Morgen hier betreut, solange ihr nicht unterwegs seid." Erik und Paula begrüßen Frau Salice freundlich, dann erteilt Polizeirat Seifert Anweisung: „Barbara, ruf Mladic und Reiners zur Wache, damit sie Erik und Paula zum Kontrollgang am Busbahnhof mitnehmen." „In Ordnung", antwortet POK Salice. Die Wache der Bundespolizei liegt im vorderen Bereich direkt neben den Check-in-Schaltern.

⑦ Richtig gerechnet, hier geht es weiter. Nachdem die Polizisten den Schmierer zur Wache gebracht haben, werden sie am Zoll eingesetzt. Hier überprüfen sie stichprobenartig die Ausweispapiere der Reisenden. Tatsächlich finden Sie auch eine Frau, deren Reisepass abgelaufen ist; das ist aber natürlich nur ein einfacher Routinefall. In dieser Zeit bekommen Erik und Paula von Polizeioberkommissarin Salice die Arbeit an der Leitstelle erklärt. Dann gibt es neue Arbeit für die Beamten Mladic und Reiners, die zum Notausgang (EXIT) neben Gate 5 geschickt werden.

⑧ Die Wache hinter dem Zoll ist vor allem deshalb sehr praktisch, weil sie einen Ausgang auf die Straße hat. So können auch jetzt zwei Beamte der Justizvollzugsanstalt die international gesuchte Frau von den Beamten Reiners und Mladic übernehmen, ohne sich im Flughafen dem Gedränge aussetzen zu müssen.

Wie du in der Geschichte schon erfahren hast, gehört die Grenzsicherung zu den Aufgaben der Bundespolizei. Bei der Kontrolle von Ausweisen ist es dabei natürlich besonders wichtig zu wissen, welche Länder zur Europäischen Union (EU) gehören, denn innerhalb der EU kann jeder frei reisen. Kreuze an, welche der folgenden Länder nicht (!) zur EU gehören.

Albanien ☐   **Bulgarien** ☐   **Estland** ☐   **Finnland** ☐
Kroatien ☐   **Lettland** ☐   **Litauen** ☐   **Malta** ☐
Norwegen ☐   **Rumänien** ☐   **Schweiz** ☐   **Zypern** ☐

Die Anzahl der Länder, die nicht zur EU gehören ist zugleich die Ziffer, an der die Geschichte weitergeht.

Stefan Schäfer: Differenzierte Lesespurgeschichten Deutsch 9/10
© Auer Verlag

⑨ „Wenn nicht so viel los wäre", meint Erik, „könnte man den Eingang des Restaurants von hier aus gut sehen, aber bei dem Betrieb kann man schon einmal die Orientierung verlieren." Schon sind sie beim Restaurant und der glücklichen Mutter. Und kurz darauf kommt auch Polizeirat Seifert mit dem Vater des Kindes zum Restaurant. „Ich habe", erklärt er, „Herrn Mendez gleich selber mitgebracht, weil ja mittlerweile schon zwölf Uhr ist." Paula und Erik wissen, was Herr Seifert meint: Ihre Zeit bei der Flughafenpolizei ist damit beendet. Sie bedanken sich ganz herzlich bei Herrn Seifert, Herrn Reiners und Frau Mladic und versprechen, ein Exemplar der „LUPE" vorbeizubringen, wenn ihre Reportage erschienen ist.

⑩ Dieser Notausgang spielt in der Geschichte keine Rolle, hier bist du also falsch. Lies noch einmal bei 7 nach, an welchem Ort genau sich die Handlung weiterentwickelt.

⑪ Die Aufzüge und Rolltreppen der Eingangshalle werden in der Geschichte nur als Orientierungspunkt genannt. Lies noch einmal bei 26 nach, wo genau es in der Handlung weitergeht.

⑫ Hier bist du richtig. Den Leuten der Autovermietung ist nämlich bei den Aufzügen ein kleines Kind aufgefallen, dass sich verlaufen hat. Normalerweise hätten sie das Kind zum Info-Point gebracht, doch das Kind versteht kein Deutsch oder Englisch und ist auch so verängstigt, dass es nicht einmal seinen Namen herausbringt. Deshalb haben sie die Polizei angerufen. Da auch die Beamten Reiners und Mladic das Kind nicht zum Sprechen bringen, bleibt den Beamten nichts anderes übrig, als das Kind mit auf die Wache der Bundespolizei zu nehmen. „Und was passiert jetzt?", will Paula wissen. „Jetzt", erklärt Polizeihauptmeister Reiners, „kochen wir der Kleinen erst einmal einen Kakao. Und dann schauen wir, ob das Kind nicht doch jemanden von unseren Kollegen versteht." „Na", sagt Polizeiobermeisterin Mladic, „am wahrscheinlichsten ist natürlich, dass die Eltern demnächst merken, dass ihnen das Kind fehlt und sich selbst an den Info-Point wenden." Polizeiobermeisterin Mladic hat gerade ihren Satz beendet, als über Funk die Information kommt, dass ein völlig aufgelöster Vater auf der Polizeiwache den Verlust seiner Tochter angezeigt hat. Die Mutter des Kindes wartet im Restaurant gegenüber vom Info-Point. „Das Restaurant", sagt Polizeihauptmeister Reiners per Funk, „ist ja gleich hier vorne. Wir treffen uns dort."

⑬ Das Café wird in der Geschichte nicht erwähnt, hier bist du also falsch. Lies am besten noch einmal an der letzten Stelle nach, an der du sicher richtig warst, wie sich die Ereignisse im Weiteren entwickeln.

⑭ Dieser Notausgang spielt in der Geschichte keine Rolle, hier bist du also falsch. Lies noch einmal bei 7 nach, an welchem Ort genau sich die Handlung weiterentwickelt.

Stefan Schäfer: Differenzierte Lesespurgeschichten Deutsch 9/10
© Auer Verlag

(15) „Am Busbahnhof", erklärt Polizeiobermeisterin Mladic Erik und Paula, „kommen um diese Uhrzeit immer viele Fernbusse an, z. B. aus Warschau, Prag oder Budapest. Da möchten wir einfach vor Ort sein und natürlich führen wir auch manchmal Kontrollen durch." „Warum", will Erik wissen, „fliegen die Leute denn nicht von den Herkunftsstädten aus, also z. B. von Warschau aus?" „Die meisten Menschen aus den Fernbussen", sagt Polizeiobermeisterin Mladic, „fliegen von hier aus überhaupt nicht weiter, sondern kommen hier nur an oder steigen in Fernbusse um, z. B. nach Paris oder Amsterdam." Da wird Polizeihauptmeister Reiners angefunkt: Vandalismus an Bahnsteig 2 in Höhe der Bäckerei. Sofort machen sich die Beamten auf den Weg zu Bahnsteig 2.

(16) Das Parkhaus wird in der Geschichte nicht erwähnt. Lies am besten noch einmal an der letzten Stelle nach, an der du sicher richtig warst, wo die Handlung weitergeht.

(17) Bahnsteig 1 spielt in der Geschichte keine Rolle, hier bist du also falsch. Lies noch einmal bei 15 nach, wo die Handlung weitergeht.

(18) Die beiden Polizisten nehmen nicht den normalen Weg zu Bahnsteig 2 über die Brücke, die im Mittelteil über die Gleisanlage führt. Sie kürzen den Weg ab und benutzen die Unterführung im Bereich des Eingangs vom Bahnhof, die für die Öffentlichkeit gesperrt ist. Die Unterführung hat dabei noch einen Vorteil: Wer vor allem die Brücke im Mittelteil des Bahnhofes im Blick hat, um zu beobachten, ob er weiter unbemerkt ist, bemerkt nicht, dass plötzlich zwei Polizisten hinter ihm stehen. So erschrickt denn auch der junge Mann, der mit einem dicken Edding-Stift eine Vitrine beschmiert, als ihn Polizeihauptmeister Reiners anspricht: „Lassen Sie das jetzt sofort und kommen Sie mit!" Polizeiobermeisterin Mladic erklärt Paula und Erik, dass sie den jungen Mann jetzt zur Wache mitnehmen, wo man zunächst die Personalien feststellen und dann ein Protokoll anfertigen muss.

Das Gesicht in der folgenden kleinen Rechnung steht für eine Zahl. Mit welcher Zahl geht die Rechnung auf? Probiere im Zweifelsfall einfach einige Zahlen aus. Die Geschichte geht an der gesuchten Zahl weiter.

☺ x ☺ + ☺ = 56

(19) Der Buchladen wird in der Geschichte nicht erwähnt. Lies am besten noch einmal an der letzten Stelle nach, an der du sicher richtig warst, wo die Handlung weitergeht.

(20) Der Kiosk wird in der Geschichte nicht erwähnt. Lies am besten noch einmal an der letzten Stelle nach, an der du sicher richtig warst, wo die Handlung weitergeht.

Stefan Schäfer: Differenzierte Lesespurgeschichten Deutsch 9/10
© Auer Verlag

(21) Die Rolltreppen bzw. Aufzüge des Außenbereichs werden in der Geschichte nicht erwähnt. Hier bist du also falsch. Lies am besten noch einmal an der letzten Stelle nach, an der du sicher richtig warst, wo die Handlung weitergeht.

(22) Die Bäckerei wird zwar erwähnt, aber nur um eine Stelle an Bahnsteig 2 zu bezeichnen. Lies noch einmal bei 15 nach, an welchem Ort genau sich die Handlung weiterentwickelt.

(23) Der Imbiss wird in der Geschichte nicht erwähnt. Lies am besten noch einmal an der letzten Stelle nach, an der du sicher richtig warst, wo die Handlung weitergeht.

(24) Der Eingang zum Bahnhof wird zwar erwähnt, aber nur zur Orientierung. Lies noch einmal bei 18 nach, an welchem Ort genau sich die Handlung weiterentwickelt.

(25) Dieser Shop wird in der Geschichte nicht erwähnt. Lies am besten noch einmal an der letzten Stelle nach, an der du sicher richtig warst, wo die Handlung weitergeht.

(26) Hier im Shop hat der Ladendetektiv einen Mann festgehalten, der leider „vergessen" hat, die beiden Stangen Zigaretten, die er in den Innentaschen seines dicken Mantels verstaut hat, zu bezahlen. Als die beiden Polizisten auch ihn mit zur Wache nehmen wollen, schimpft er heftig: „Ich verpasse meinen Flug! Ich zeige euch an!" Die Beamten Mladic und Reiners lassen sich davon aber nicht beeindrucken und bringen den Mann auf die Wache. Kaum haben sie die Formalitäten wegen des Ladendiebstahls erledigt, sollen die Beamten auch schon zur Autovermietung direkt neben den Aufzügen und Rolltreppen der Eingangshalle kommen.

(27) Dieser Notausgang spielt in der Geschichte keine Rolle. Lies noch einmal bei 7 nach, an welchem Ort genau sich die Handlung weiterentwickelt.

(28) Dieser Shop wird in der Geschichte nicht erwähnt. Lies am besten noch einmal an der letzten Stelle nach, an der du sicher richtig warst, wo die Handlung weitergeht.

㉙ Hier vor dem Raucherbereich ist es zu einem lauten Streit zwischen einem Paar gekommen. Als die Polizisten einschreiten, werden sie nun selbst angeschrien: „Lasst uns doch in Ruhe!" oder „Was wollt ihr denn, ihr ...?!" Erst nach Minuten gelingt es Polizeiobermeisterin Mladic, die mit höflicher Stimme zu den beiden spricht, die beiden zu beruhigen. Endlich zieht das Paar ab. Offenbar haben sie sich darauf geeinigt, nicht mehr sich gegenseitig, sondern die Polizisten bescheuert zu finden. „Puh", sagt Paula, „was war denn mit denen los?" „Das kommt leider", erklärt Polizeihauptmeister Reiners, „öfter vor, als man so denken möchte. Reisen ist ja oft auch mit Stress verbunden, z. B. mit Zeitverschiebungen oder Flugverspätungen. Und dann ist man schon auch gereizt." Dann kommt über Funk die Anweisung, zum Laden, der sich zwischen Gate 1 und 2 auf der gegenüberliegenden Seite befindet, zu gehen.

㉚ Gate 1 wird im Text nur als Orientierungspunkt genannt. Lies noch einmal bei 29 nach, wo genau es in der Handlung weitergeht.

㉛ Gate 2 wird im Text nur als Orientierungspunkt genannt. Lies noch einmal bei 29 nach, an welchem Ort genau sich die Handlung weiterentwickelt.

㉜ Gate 3 wird im Text nur als Orientierungspunkt genannt. Lies noch einmal bei 3 nach, wo genau es in der Handlung weitergeht.

㉝ Gate 4 wird im Text nur als Orientierungspunkt genannt. Lies noch einmal bei 3 nach, wo genau sich die Handlung weiterentwickelt.

㉞ Hier am Notausgang müssen die Polizisten eine mit internationalem Haftbefehl gesuchte Frau übernehmen. Diese Frau ist eben aus Barcelona angekommen und wird von einer spanischen Polizistin begleitet, die die Frau nun der Bundespolizei übergibt. Da das Flugzeug gleich wieder nach Barcelona zurückfliegt, geht die spanische Polizistin sofort wieder an Bord. Die Beamten Mladic und Reiners bringen die Tatverdächtige dagegen in die Wache hinter dem Zoll.

㉟ Gate 5 wird im Text nur als Orientierungspunkt genannt. Lies noch einmal bei 7 nach, an welchem Ort genau sich die Handlung weiterentwickelt.

Meine Lesespur:

1, ——, ——, ——, ——, ——, ——, ——, ——, ——, ——, ——, ——

Stefan Schäfer: Differenzierte Lesespurgeschichten Deutsch 9/10
© Auer Verlag

Bei der Bundespolizei am Flughafen

Erik und Paula haben heute einen aufregenden Tag vor sich. Dank der Vermittlung von Paulas Vater dürfen sie als Reporter der Schülerzeitung „LUPE" einen Vormittag bei der Bundespolizei am Flughafen verbringen und sogar manchmal die Beamten bei ihrer Arbeit begleiten.

Wenn du wissen willst, was Erik und Paula bei ihrem Besuch bei der Polizei am Flughafen alles erleben, beginne bei 1 mit dem Lesen.

(1) Erik und Paula sind um 7:30 Uhr am Info-Point des Flughafens mit Polizeirat Seifert, dem Bekannten von Paulas Vater, verabredet. Herr Seifert begrüßt die beiden Reporter freundlich und erklärt ihnen auf dem Weg zur Leitstelle: „Hier am Flughafen hat die Bundespolizei viele Aufgaben. Sie ist vor allem für den Grenzschutz und die Luftsicherheit zuständig, übernimmt aber am Bahnhof des Flughafens auch die Aufgaben der Bahnpolizei. Ihr könnt heute zwei Beamte aus dem Vollzugsdienst begleiten bzw. ihre Arbeit beobachten. Aus Sicherheits- und rechtlichen Gründen könnt und dürft ihr natürlich nicht immer dabei sein. Ich erkläre euch das gleich genauer." Unterdessen haben Polizeirat Seifert, Erik und Paula die Leitstelle der Bundespolizei erreicht, die zwischen den Check-in-Schaltern und der Sicherheits-Kontrolle liegt.

(2) Der Check-in-Schalter wird in der Geschichte mehrfach als Orientierungspunkt erwähnt, ist selbst aber nicht Teil der Lesespur. Lies am besten noch einmal an der letzten Stelle nach, an du sicher richtig warst, wie sich die Ereignisse im Weiteren entwickeln.

(3) Richtig, hier an der Sicherheits-Kontrolle treffen Erik und Paula wieder die beiden Polizeibeamten, die sie mit auf einen Routine-Kontrollgang im Terminal nehmen. Sie laufen gerade im Terminal-Bereich zwischen Gate 3 und 4, als sie vor dem Raucherbereich gegenüber von Gate 4 (SMOKE) einen lautstarken Streit bemerken.

(4) Der Ausgang vom Terminal in die Eingangshalle wird in der Geschichte nicht erwähnt. Hier bist du also falsch. Lies am besten noch einmal an der letzten Stelle nach, an du sicher richtig warst, wo die Handlung weitergeht.

(5) Als Polizeirat Seifert, Erik und Paula die Wache erreicht haben, kommen auch schon zwei Polizisten. „Das sind Polizeiobermeisterin Mladic und Polizeihauptmeister Reiners. Die beiden bilden heute ein Einsatzteam, das ihr begleiten dürft. Und das sind Erik und Paula." Nachdem sich die Jugendlichen und die Polizisten begrüßt haben, schickt sie Polizeirat Seifert auf eine Routinestreife zum Busbahnhof.

(6) Hier ist die Leitstelle der Bundespolizei, in der die verschiedenen Einsätze der Beamtenteams koordiniert werden. Und hier können sich Erik und Paula auch aufhalten und die Arbeit ihres Teams verfolgen, wenn sie es nicht vor Ort begleiten dürfen. Polizeirat Seifert stellt die beiden Reporter der diensthabenden Beamtin der Leitstelle vor: „Barbara, das sind die beiden Reporter, von denen ich dir schon erzählt habe, Erik und Paula. Und das ist Polizeioberkommissarin Salice, die euch heute Morgen hier betreut, solange ihr nicht mit dem Einsatzteam unterwegs seid." Erik und Paula begrüßen Frau Salice freundlich, dann erteilt Polizeirat Seifert Anweisung: „Barbara, ruf Mladic und Reiners zur Wache, damit sie Erik und Paula zum Kontrollgang am Busbahnhof mitnehmen." „In Ordnung", antwortet POK Salice und setzt einen Funkspruch ab. Die Wache der Bundespolizei liegt im vorderen Bereich direkt neben den Check-in-Schaltern.

Stefan Schäfer: Differenzierte Lesespurgeschichten Deutsch 9/10
© Auer Verlag

(7) Richtig gerechnet, hier geht es weiter. Nachdem die Beamten den Schmierer zur Wache gebracht haben, werden sie zur Personenkontrolle am Zoll eingesetzt. Hier überprüfen sie stichprobenartig die Grenzübertrittspapiere bzw. die Berechtigung zum Grenzübertritt. Tatsächlich finden Sie auch eine Frau, deren Reisepass abgelaufen ist; das ist aber natürlich nur ein gewöhnlicher, einfacher Routinefall. In dieser Zeit bekommen Erik und Paula von Polizeioberkommissarin Salice die Arbeit an der Leitstelle erklärt. An der Leitstelle laufen auch viele Überwachungskameras zusammen, sodass große Teile des Flughafens auch von hier aus beobachtet werden können. Dann gibt es neue Arbeit für die Beamten Mladic und Reiners, die zum Notausgang (EXIT) neben Gate 5 geschickt werden.

(8) Die Wache hinter dem Zoll wird nicht allein von der Bundespolizei genutzt. Sie ist vor allem deshalb sehr praktisch, weil sie einen eigenen Ausgang auf die Straße hat. So kann auch jetzt der Vertreter der Staatsanwaltschaft, der von zwei Beamten der Justizvollzugsanstalt begleitet wird, die mit internationalem Haftbefehl gesuchte Frau von den Beamten Reiners und Mladic übernehmen und überführen, ohne im Flughafen Aufmerksamkeit zu erregen bzw. sich dem dort herrschenden Gedränge aussetzen zu müssen.

Wie du in der Geschichte schon erfahren hast, gehört die Grenzsicherung zu den Aufgaben der Bundespolizei. Bei der Kontrolle von Ausweisen ist es dabei natürlich besonders wichtig zu wissen, welche Länder zur Europäischen Union (EU) gehören, denn innerhalb der EU kann jeder frei reisen. Kreuze an, welche der folgenden Länder nicht (!) zur EU gehören.

Albanien ☐	*Bulgarien* ☐	*Estland* ☐	*Finnland* ☐
Kroatien ☐	*Lettland* ☐	*Litauen* ☐	*Malta* ☐
Norwegen ☐	*Rumänien* ☐	*Schweiz* ☐	*Slowakei* ☐
Slowenien ☐	*Tschechien* ☐	*Ungarn* ☐	*Zypern* ☐

Die Anzahl der Länder, die nicht zur EU gehören ist zugleich die Ziffer, an der die Geschichte weitergeht.

(9) „Wenn nicht so viel los wäre", meint Erik, „könnte man den Eingang des Restaurants von hier aus gut sehen, aber bei dem Treiben kann man schon einmal die Orientierung verlieren." Schon haben sie das Restaurant und die glückliche Mutter erreicht. Und kurz darauf erscheint auch Polizeirat Seifert mit dem Vater des Kindes beim Restaurant. „Ich habe", erklärt er, „Herrn Mendez gleich selbst mitgebracht, weil ja mittlerweile schon zwölf Uhr ist." Paula und Erik wissen, was Herr Seifert meint: Ihre Besuchszeit bei der Flughafenpolizei ist damit beendet. Sie bedanken sich ganz herzlich bei Herrn Seifert, Herrn Reiners und Frau Mladic und versprechen, der Dienststelle ein Exemplar der „LUPE" vorbeizubringen, wenn ihre Reportage erschienen ist.

(10) Dieser Notausgang spielt in der Geschichte keine Rolle, hier bist du also falsch. Lies noch einmal bei 7 nach, an welchem Ort genau sich die Handlung weiterentwickelt.

(11) Die Aufzüge und Rolltreppen der Eingangshalle werden in der Geschichte nur als Orientierungspunkt genannt. Lies noch einmal bei 26 nach, wo genau es in der Handlung weitergeht.

Stefan Schäfer: Differenzierte Lesespurgeschichten Deutsch 9/10
© Auer Verlag

(12) Hier bist du richtig. Den Mitarbeitern der Autovermietung ist nämlich bei den Aufzügen ein kleines Mädchen aufgefallen, dass sich verlaufen hat. Normalerweise hätten sie das Kind natürlich zum Info-Point gebracht und die Eltern ausrufen lassen, doch das Kind versteht offenbar weder Deutsch noch Englisch und ist auch so verängstigt, dass es nicht einmal seinen Namen herausbringt. So haben sich die Mitarbeiter zum Anruf bei der Polizei entschieden. Da auch die Beamten Reiners und Mladic das Kind nicht zum Sprechen bringen können, bleibt den Beamten nichts anderes übrig, als das Kind mit auf die Wache der Bundespolizei zu nehmen. „Und was passiert jetzt?", will Paula wissen. „Jetzt", erklärt Polizeihauptmeister Reiners, „kochen wir der Kleinen erst einmal einen Kakao. Und dann schauen wir, mit der gesammelten Fremdsprachenkompetenz der Bundespolizei am Flughafen, ob das Kind nicht doch jemanden versteht. Aber klar, wenn gar nichts hilft, werden wir das Jugendamt verständigen." „Na", sagt Polizeiobermeisterin Mladic, „aber am wahrscheinlichsten ist natürlich, dass die Eltern demnächst merken, dass ihnen das Kind fehlt und sich selbst an den Info-Point wenden." Polizeiobermeisterin Mladic hat gerade ihren Satz beendet, als über Funk die Information kommt, dass ein völlig aufgelöster Vater auf der Polizeiwache den Verlust seiner Tochter angezeigt habe. Die Mutter des Kindes warte im Restaurant gegenüber vom Info-Point. Dort hätten sie zu Mittag gegessen, als das Kind gespielt hätte und dann plötzlich weg gewesen sei. „Das Restaurant", sagt Polizeihauptmeister Reiners per Funk, „ist ja gleich hier vorne. Wir treffen uns dort."

(13) Das Café wird in der Geschichte nicht erwähnt, hier bist du also falsch. Lies am besten noch einmal an der letzten Stelle nach, an du sicher richtig warst, wie sich die Ereignisse im Weiteren entwickeln.

(14) Dieser Notausgang spielt in der Geschichte keine Rolle, hier bist du also falsch. Lies noch einmal bei 7 nach, an welchem Ort genau sich die Handlung weiterentwickelt.

(15) „Am Busbahnhof", erklärt Polizeiobermeisterin Mladic den beiden Reportern, „kommen um diese Uhrzeit immer viele Fernbusse aus Mittel- und Osteuropa an, z. B. aus Warschau, Prag oder Budapest. Da möchten wir einfach Präsenz zeigen und natürlich führen wir auch stichpunktartige Kontrollen durch." „Warum", will Erik wissen, „fliegen die Leute denn nicht von den Herkunftsstädten aus, also z. B. von Warschau aus?" „Die meisten Menschen aus den Fernbussen", sagt Polizeiobermeister Mladic, „fliegen von hier aus überhaupt nicht weiter, sondern kommen hier nur an oder steigen in Fernbusse Richtung Westen um, also z. B. nach Paris oder Amsterdam. Aber klar, der eine oder andere fliegt natürlich von hier weiter. Das sind meistens Ziele, die zum Beispiel von Warschau oder Prag nicht direkt angeflogen werden." Da bekommt Polizeihauptmeister Reiners einen Funkspruch: Vandalismus an Bahnsteig 2 in Höhe der Bäckerei. Sofort machen sich die Beamten auf den Weg zu Bahnsteig 2.

(16) Das Parkhaus wird in der Geschichte nicht erwähnt. Hier bist du also falsch. Lies am besten noch einmal an der letzten Stelle nach, an du sicher richtig warst, wo die Handlung weitergeht.

(17) Bahnsteig 1 spielt in der Geschichte keine Rolle, hier bist du also falsch. Lies noch einmal bei 15 nach, an welchem Ort genau sich die Handlung weiterentwickelt.

(18) Die beiden Beamten nehmen nicht den normalen Weg zu Bahnsteig 2 über die Brücke, die im Mittelteil über die Gleisanlage führt, sondern sie kürzen den Weg ab, indem sie die Unterführung im Bereich des Eingangs vom Bahnhof benutzen, die für die Öffentlichkeit gesperrt ist und über die normalerweise vor allem Güter transportiert werden. Die Unterführung hat dabei noch einen weiteren Vorteil: Wer vor allem die Brücke im Mittelteil des Bahnhofes im Blick hat, um zu beobachten, ob er weiter unbemerkt ist, bemerkt nicht, dass plötzlich zwei Polizisten hinter ihm stehen. So erschrickt denn auch der junge Mann, der mit einem dicken Edding-Stift eine Vitrine mit Werbung beschmiert, fürchterlich, als ihn Polizeihauptmeister Reiners anspricht: „Lassen Sie das jetzt sofort und kommen Sie mit!" Polizeiobermeisterin Mladic erklärt Paula und Erik, dass sie den jungen Mann jetzt zur Wache mitnehmen würden, wo man zunächst die Personalien feststellen und dann ein Protokoll anfertigen würde.

Das Gesicht in der folgenden kleinen Rechnung steht für eine Zahl. Mit welcher Zahl geht die Rechnung auf? Probiere im Zweifelsfall einfach einige Zahlen aus. Die Geschichte geht an der gesuchten Zahl weiter.

$$☻ \times ☻ + ☻ = 56$$

(19) Der Buchladen wird in der Geschichte nicht erwähnt. Hier bist du also falsch. Lies am besten noch einmal an der letzten Stelle nach, an du sicher richtig warst, wo die Handlung weitergeht.

(20) Der Kiosk wird in der Geschichte nicht erwähnt. Lies am besten noch einmal an der letzten Stelle nach, an du sicher richtig warst, wo die Handlung weitergeht.

(21) Die Rolltreppen bzw. Aufzüge des Außenbereichs werden in der Geschichte nicht erwähnt. Hier bist du also falsch. Lies am besten noch einmal an der letzten Stelle nach, an du sicher richtig warst, wo die Handlung weitergeht.

(22) Die Bäckerei wird zwar erwähnt, aber nur um eine Stelle an Bahnsteig 2 zu bezeichnen. Lies noch einmal bei 15 nach, an welchem Ort genau sich die Handlung weiterentwickelt.

(23) Der Imbiss wird in der Geschichte nicht erwähnt. Lies am besten noch einmal an der letzten Stelle nach, an du sicher richtig warst, wo die Handlung weitergeht.

(24) Der Eingang zum Bahnhof wird zwar erwähnt, aber nur als Orientierungspunkt. Lies noch einmal bei 18 nach, an welchem Ort genau sich die Handlung weiterentwickelt.

(25) Dieser Shop wird in der Geschichte nicht erwähnt. Lies am besten noch einmal an der letzten Stelle nach, an du sicher richtig warst, wo die Handlung weitergeht.

(26) Hier im Shop hat der Ladendetektiv einen Mann festgehalten, der an der Kasse zwar eine Flasche Whiskey bezahlt, aber leider „vergessen" hat, die beiden Stangen Zigaretten zu bezahlen, die er in den Innentaschen seines dicken Mantels verstaut hat. Als die beiden Polizisten auch ihn mit zur Wache nehmen wollen, schimpft er heftig: „Ich verpasse meinen Flug! Ich zeige euch an! Ich verklage euch auf Schadensersatz, wenn ich meinen Geschäftstermin verpasse!" Die Beamten Mladic und Reiners lassen sich davon aber nicht beeindrucken und bringen den Mann auf die Wache, nachdem sie sich versichert haben, dass der Ladenbesitzer Anzeige erstatten möchte. Kaum haben sie die Formalitäten wegen des Ladendiebstahls erledigt, werden die Beamten auch schon zur Autovermietung direkt neben den Aufzügen und Rolltreppen der Eingangshalle gerufen.

Stefan Schäfer: Differenzierte Lesespurgeschichten Deutsch 9/10
© Auer Verlag

(27) Dieser Notausgang spielt in der Geschichte keine Rolle, hier bist du also falsch. Lies noch einmal bei 7 nach, an welchem Ort genau sich die Handlung weiterentwickelt.

(28) Dieser Shop wird in der Geschichte nicht erwähnt. Lies am besten noch einmal an der letzten Stelle nach, an du sicher richtig warst, wo die Handlung weitergeht.

(29) Hier vor dem Raucherbereich ist es zu einem lautstarken Streit zwischen einem Paar gekommen. Als die Beamten einschreiten und schlichten wollen, werden sie nun ihrerseits angeschrien: „Lasst uns doch in Ruhe!", „Was wollt ihr denn, ihr ...?!" oder „Haut bloß ab!" Erst nach Minuten gelingt es Polizeiobermeisterin Mladic, die in stets sachlichem, höflichem Ton auf die beiden einspricht, die aufgebrachten Gemüter zu beruhigen. Endlich zieht das Paar ab. Offenbar haben sie sich darauf verständigt, sich nicht mehr gegenseitig, sondern die Polizisten bescheuert zu finden. „Puh", sagt Paula, „was war denn mit denen los?" „Das kommt leider", erklärt Polizeihauptmeister Reiners, „öfter vor, als man so denken möchte. Reisen ist ja oft auch mit Stress verbunden, z. B. mit Jetlag oder Flugverspätungen. Und dann ist man schon auch gereizt." Dann kommt über Funk die Anweisung, zum Laden zu gehen, der sich zwischen Gate 1 und 2 auf der gegenüberliegenden Seite befindet.

(30) Gate 1 wird im Text nur als Orientierungspunkt genannt. Lies noch einmal bei 29 nach, wo genau es in der Handlung weitergeht.

(31) Gate 2 wird im Text nur als Orientierungspunkt genannt. Lies noch einmal bei 29 nach, an welchem Ort genau sich die Handlung weiterentwickelt.

(32) Gate 3 wird im Text nur als Orientierungspunkt genannt. Lies noch einmal bei 3 nach, wo genau es in der Handlung weitergeht.

(33) Gate 4 wird im Text nur als Orientierungspunkt genannt. Lies noch einmal bei 3 nach, wo genau sich die Handlung weiterentwickelt.

(34) Hier am Notausgang müssen die Beamten Mladic und Reiners eine mit internationalem Haftbefehl gesuchte Frau mit deutscher Staatsangehörigkeit übernehmen. Diese Frau ist eben in dem bei Gate 5 gelandeten Flugzeug aus Barcelona angekommen und wird von einer spanischen Polizistin begleitet, die die international gesuchte Frau nun der Obhut der Bundespolizei übergibt. Da das Flugzeug in 50 Minuten wieder nach Barcelona zurückfliegt, geht die spanische Polizistin auch gleich wieder an Bord. Die Beamten Mladic und Reiners bringen die Tatverdächtige dagegen in die Wache hinter dem Zoll.

(35) Gate 5 wird im Text nur als Orientierungspunkt genannt. Lies noch einmal bei 7 nach, an welchem Ort genau sich die Handlung weiterentwickelt.

Meine Lesespur:

1, ———, ———, ———, ———, ———, ———, ———, ———, ———, ———, ———, ———

Stefan Schäfer: Differenzierte Lesespurgeschichten Deutsch 9/10
© Auer Verlag

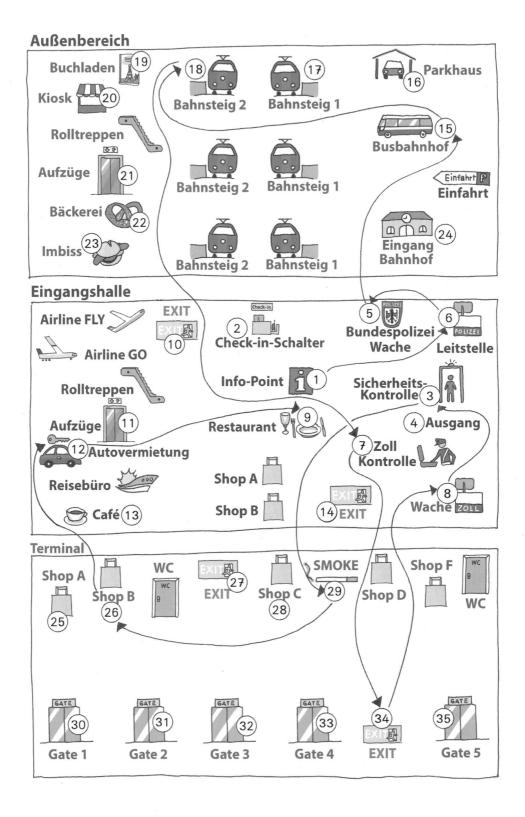

Meine Lesespur: 1, __6__, __5__, __15__, __18__, __7__, __34__, __8__, __3__, __29__, __26__, __12__, __9__

Lösung zu (8): nicht zur EU gehören: Albanien, Norwegen, Schweiz, d. h. die Ziffer, bei der die Geschichte weitergeht, ist 3.

Lösung zu (18): 7 x 7 + 7 = 49 + 7 = 56; die Geschichte geht also bei 7 weiter.

Stefan Schäfer: Differenzierte Lesespurgeschichten Deutsch 9/10
© Auer Verlag

Höllenlauf

Sanitäter 1 (28)

Verpflegung (29)

Bergsprint (8)

Kletterwand ohne Seil (7)

Bodengitter (6)

(5) **Startlinie**

Sprung (auf das Strohfeld) (9)

Riesentreppe (aus Strohrollen) (14)

Kieswannen (15)

Wassergraben (19)

(3) **Startbereich 1**

(4) **Startbereich 2**

(2) **Umkleide Sanitär (Läufer)**

ZIEL (20)

Eingang (1)

Feuerrinne (10)

Schwimmteich (13)

Strickleitern (16)

Balance-Balken über Schlammgrube (18)

(27) **Siegerpodest**

Presse (26)

Zuschauer-tribüne West (21)

Reifenfeld 1 (11)

glatte Kletter-wand mit Seil (12)

Reifenfeld 2 (17)

Sanitäter 2 (25)

Zuschauer-tribüne Nord (22)

Gastrobereich (23)

WC Zuschauer (24)

Beim Höllenlauf

Die vier Freunde Malik, Ylvi, Sina und Nican besuchen heute den „Höllenlauf",
einen Extremhindernislauf. Das Rennen steht unter dem Motto: „Wenn du durch
die Hölle gehst, geh weiter." Der Ausspruch, der dem englischen Staatsmann
Winston Churchill (1874–1965) zugeschrieben wird, ist aber hier vor allem witzig
gemeint.

***Wenn du wissen willst, was die vier Freunde bei dem Sportevent alles zu
sehen bekommen, beginne bei 1 mit dem Lesen.***

(1) Schon vom Eingang aus sehen Malik, Ylvi, Sina und Nican im Umkleidebereich der Läufer viele lustig verkleidete Teilnehmer. Sie entdecken
Schlümpfe oder Wikinger oder einfach Menschen mit Gesichtsbemalung.
„Da, seht ihr", meint Nican, „ich habe euch doch gesagt, dass der Spaß im
Vordergrund steht." „Klar", antwortet Ylvi, „aber die Strecke ist auch ganz
schön anspruchsvoll." Die vier Freunde haben eben ihre Eintrittskarten
gekauft und gehen nun zur Zuschauertribüne Nord. Ihre Plätze sind auf
gleicher Höhe wie die kleine Pressetribüne, nur höher, sodass sie einen
guten Blick auf das Gelände haben.

(2) Der Umkleidebereich der Läufer wird im Text zwar erwähnt, ist aber nicht
Teil der Lesespur. Lies noch einmal bei 1 nach, wo genau es in der Geschichte weitergeht.

(3) Der Block 1 im Startbereich wird im Text zwar erwähnt, ist aber nicht Teil
der Lesespur. Lies noch einmal bei 5 nach, wo genau es in der Geschichte
weitergeht.

(4) Der Block 2 im Startbereich wird im Text zwar erwähnt, ist aber nicht Teil
der Lesespur. Lies noch einmal bei 5 nach, wo genau es in der Geschichte
weitergeht.

Stefan Schäfer: Differenzierte Lesespurgeschichten Deutsch 9/10
© Auer Verlag

(5) Richtig, Malik hatte Recht. Nicht nur, dass sich die beiden Blöcke im Startbereich nach und nach füllen, sondern nun kommt auch eine Lautsprecherdurchsage: „Bitte alle Läufer an den Start, bitte alle Läufer an den Start.
Die Läufer mit den roten Startnummern begeben sich bitte in den ersten
Block, die Läufer mit den schwarzen Startnummern stellen sich bitte im
zweiten Block auf." „Das sind ja ganz schön viele", stellt Ylvi erstaunt fest,
„kein Wunder, dass die zwei Leistungsblöcke am Start bilden, die rennen
sich ja sonst gegenseitig über den Haufen." „Das ist bei Massenstarts aber
immer so", ergänzt Sina.
Nach einer Weile meldet sich die Lautsprecherstimme wieder: „Gleich
zählen wir den Countdown bis zum Start zusammen, Achtung: zehn, neun
…" Tatsächlich stimmen hier nicht nur die Läufer, sondern auch alle Zuschauer mit ein: „… zwei, eins, los!" Und dann schauen alle Zuschauer auf
den Start. Die ersten Läufer haben schon den Bergsprint und den Sprung
auf das Strohfeld hinter sich, als die letzten Starter erst loslaufen. Gebannt
schauen auch die vier Freunde dem Treiben zu, bis Sina plötzlich ruft: „Seht
mal zur Kletterwand gleich hinter dem Bodengitter."

(6) „Wahnsinn", fährt Nican fort, „der Typ ist echt schnell. Wie nichts robbt der
da unter dem Gitter durch." „Mist", meint Sina, „schaut mal zum Sanitäter
rechts neben unserer Tribüne."

(7) Genau, das ist die Kletterwand ohne Seil, auf die Sina die anderen aufmerksam macht. „Was ist denn mit der Kletterwand?", fragt Ylvi. „Na seht
doch, die Läufer helfen sich gegenseitig, um über das Hindernis zu kommen." „Genau", pflichtet auch Nican bei, „die Leute dort laufen bestimmt
als Gruppe und wollen die Strecke zusammen zu schaffen." „Das finde ich
klasse", meint Ylvi begeistert, „endlich mal nicht gegeneinander!" „Au weia,
Leute", sagt Malik zu den Freunden, „schaut mal neben die Feuerrinne, zu
dem Schwimmteich."

(8) Der Bergsprint wird zwar mehrfach in der Geschichte als Orientierungspunkt erwähnt, ist aber nicht Teil der Lesespur. Lies am besten noch einmal
an der letzten Stelle nach, an der du sicher richtig warst, wie die Geschichte
weitergeht.

(9) Der Sprung auf das Strohfeld wird in der Geschichte zwar erwähnt, ist aber
nicht Teil der Lesespur. Lies noch einmal bei 5 nach, wo genau es in der
Geschichte weitergeht.

(10) Die Feuerrinne wird in der Geschichte zwar erwähnt, ist aber nur Orientierungspunkt. Lies noch einmal bei 7 nach, wo genau es in der Geschichte
weitergeht.

(11) Das Reifenfeld 1 wird in der Geschichte nicht erwähnt, hier bist du also
falsch. Lies am besten noch einmal an der letzten Stelle nach, an der du
sicher richtig warst, wo die Handlung weitergeht.

⑫ Die Kletterwand mit Seil wird in der Geschichte nicht erwähnt, hier bist du also falsch. Lies am besten noch einmal an der letzten Stelle nach, an der du sicher richtig warst, wo die Handlung weitergeht.

⑬ Im Schwimmteich zwischen Kletterwand und Riesentreppe befinden sich nun immer mehr Läufer. „Und das bei dem Wetter! Wie viel Grad mag das Wasser wohl haben?", fragt Malik in die Runde. „Na ja", meint Sina, „nachts geht es manchmal noch deutlich unter zehn Grad. Mehr als 15 Grad hat das Wasser bestimmt nicht." „Da", ruft Nican, „jetzt sind die ersten Läufer schon auf Runde zwei. Der Führende robbt gerade unter dem Bodengitter vor der Kletterwand durch."

⑭ Die Riesentreppe besteht aus großen Strohrollen, an denen man sich hochziehen muss. Auch hier helfen sich die Läufer gegenseitig, trotzdem ist das Hindernis sehr anstrengend. „Was meint ihr", fragt Sina, „das sieht doch eigentlich ganz lustig aus, wie die da die Strohballen wieder runterrutschen." „Klar", sagt Nican, „runter geht es, aber man muss halt erst mal nach oben. Ihr seht ja bei der Verpflegungsstation zwischen der Bergsprintstrecke und der anderen Sanitätsstation, wie viele Läufer da Station machen."

⑮ Die Kieswannen werden in der Geschichte nicht erwähnt, hier bist du also falsch. Lies am besten noch einmal an der letzten Stelle nach, an der du sicher richtig warst, wo die Handlung weitergeht.

⑯ Richtig, hier bei den Strickleitern geht es weiter. Die Strickleitern hängen lose an einem hohen Balken. Man muss die Strickleitern nach oben klettern, sich über den Balken schieben und dann auf der anderen Seite wieder runtersteigen. Auch hier arbeiten viele Menschen zusammen, denn man kann viel leichter auf den Leitern klettern, wenn sie unten festgehalten werden. Da macht Ylvi ihre Freunde auf die Schlammgrube aufmerksam, die direkt neben den Strickleitern in Richtung der Siegerpodeste liegt.

⑰ Das Reifenfeld 2 wird in der Geschichte zwar erwähnt, ist aber nicht Teil der Lesespur. Lies noch einmal bei 25 nach, wo genau es in der Geschichte weitergeht.

⑱ „Boah", sagt Ylvi, „diese Schlammgrube ist richtig fies, da fällt ja jeder von den Balance-Balken hinein, was für eine Sauerei!" Eigentlich kann man auf einem relativ dicken Baumstamm über die Schlammgrube balancieren. Und die ersten Läufer sind am Anfang des Rennens auch noch recht gut über den Baumstamm gekommen. Mit der Zeit wird der Stamm aber immer glitschiger. Jetzt, wo das Rennen bald zu Ende geht, fällt fast jeder in die Schlammgrube. Manche gehen gleich durch die Grube und sind dann ganz von Schlamm bedeckt. „Immerhin", sagt Nican, „ist ja direkt daneben der Wassergraben." Der Wassergraben liegt zwischen der Schlammgrube und den Bodengittern, die sich hinter dem Start befinden.

Stefan Schäfer: Differenzierte Lesespurgeschichten Deutsch 9/10
© Auer Verlag

(19) „Na ja", sagt Sina, „es stimmt, dass die Läufer sich den Schlamm im Wassergraben etwas abwaschen können, aber schaut mal, wie sie sich an der Uferböschung wieder raufkämpfen müssen. Da sind sie wieder so voll Schlamm wie vorher." „Ich", meint Malik, „ich gehe jetzt jedenfalls mal zu den Imbissbuden da hinten und hole mir etwas zu trinken." „Bleib hier", ruft Nican laut, „da, schau doch ins Ziel!"

(20) Im Zielbereich reißt ein Mann die Arme nach oben. Gleichzeitig wird auf den Tribünen applaudiert. „Respekt!", sagt Ylvi, „Da kann er richtig stolz sein." „Klasse Leistung!", bestätigt auch Sina.
Nach und nach erreichen immer mehr Sportler das Ziel. Und je mehr Sportler das Ziel erreichen, desto stärker feuert das Publikum die anderen Läufer an, nicht aufzugeben. Es herrscht nun eine richtig tolle Stimmung. Jeder, der es am Ende geschafft hat, bekommt als Belohnung ein T-Shirt mit der Aufschrift „Höllenhund". Und auch die vier Freunde bereuen es nicht, sich diesen Höllenlauf angesehen zu haben.

(21) Die Zuschauertribüne West wird in der Geschichte nicht erwähnt, hier bist du also falsch. Lies am besten noch einmal an der letzten Stelle nach, an der du sicher richtig warst, wo die Handlung weitergeht.

(22) Auf der Zuschauertribüne Nord befinden sich die Plätze der vier Freunde. „Habt ihr schon gesehen", meint Sina, „hier in dem Infoblatt steht, dass die Strecke 1,5 km lang ist und 14 Hindernisse aufweist. Die Läufer starten in zwei Gruppen. Die bessere Gruppe läuft vier Runden und hat dafür eine Stunde Zeit. Die zweite läuft nur zwei Runden und kann 45 Minuten brauchen." „Wie", fragt Ylvi nach, „das verstehe ich nicht. Gewinnt nicht einfach der Schnellste?" „Logisch", sagt Sina, „gewinnt der Schnellste. Aber jeder, der innerhalb der geforderten Maximalzeit seine zwei oder vier Runden schafft, darf sich 'Höllenhund' nennen." „Dort, Leute, schaut", ruft Malik, „der Startbereich füllt sich so langsam. Jetzt stehen die ersten Läufer schon an der Startlinie. Bald geht es los."

(23) Die Imbissbuden im Gastrobereich werden in der Geschichte zwar erwähnt, sind aber nicht Teil der Lesespur. Lies noch einmal bei 19 nach, wo genau es in der Geschichte weitergeht.

(24) Die Zuschauer-WCs werden in der Geschichte nicht erwähnt, hier bist du also falsch. Lies am besten noch einmal an der letzten Stelle nach, an der du sicher richtig warst, wo die Handlung weitergeht.

Stefan Schäfer: Differenzierte Lesespurgeschichten Deutsch 9/10
© Auer Verlag

㉕ Bei den Sanitätern wird der erste Läufer verarztet. „Für den da unten" erklärt Sina, „läuft es nicht ganz so gut." „Wahrscheinlich", sagt Ylvi, „ist er in diesem Reifenfeld umgeknickt." „Ja", sagt Malik, „das kann ich mir auch vorstellen. Da rutscht man leicht ab."

Wenn du in dem kleinen Wortgitter vom „E" ausgehst und immer in der Pfeilrichtung weiterliest, kannst du das Wort „Eishockey" lesen.

O→	C→	K↓
H↑	E↓	E↓
S↑	←I	Y

In derselben Weise hat sich in dem folgenden Wortgitter eine Wortschlange eingerollt. Gesucht wird die Bezeichnung einer weiteren Sportart. Kannst du sie finden? Die Zahl der Buchstaben des gesuchten Wortes ist die Ziffer, an der es weitergeht. Ein Buchstabe aus dem Lösungswort ist markiert.

Z	T	R	E	I	E	R	U	O	L
U	G	U	W	W	T	Z	I	P	K
I	F	J	Q	R	T	Z	P	L	M
O	D	O	H	W	H	T	A	K	N
P	E	P	G	Q	C	L	T	M	B
K	A	M	F	K	I	E	H	N	V
J	C	N	D	I	T	E	L	B	F
H	V	B	S	Y	X	V	C	V	E

㉖ Die Pressetribüne wird im Text zwar erwähnt, ist aber nicht Teil der Lesespur. Lies noch einmal bei 1 nach, wo genau es in der Geschichte weitergeht.

㉗ Die Siegerpodeste werden in der Geschichte zwar erwähnt, sind aber nicht Teil der Lesespur. Lies noch einmal bei 16 nach, wo genau es in der Geschichte weitergeht.

㉘ Diese Sanitätsstation wird im Text mehrmals erwähnt, ist aber nicht Teil der Lesespur. Lies am besten noch einmal an der letzten Stelle nach, an der du sicher richtig warst, wo die Handlung weitergeht.

Stefan Schäfer: Differenzierte Lesespurgeschichten Deutsch 9/10
© Auer Verlag

㉙ Genau, hier ist die Verpflegungsstation, auf die Nican hingewiesen hat. Hier können die Läufer etwas zu trinken bekommen, außerdem gibt es Bananen als Energielieferant für Zwischendurch. Auch in der Sanitätsstation hinter der Verpflegungsausgabe werden einige Läufer betreut, doch für einen so anstrengenden „Höllenlauf" passiert eigentlich recht wenig.

Wie viele olympische Sportarten lassen sich aus den folgenden Silben bilden? Schreibe die Sportarten auf. Wenn du die Zahl der Sportarten verdoppelst, erhältst du die Ziffer, an der die Geschichte weitergeht.

ru bad ten ten ten fen men ton tur nis

nen dern sur schwim min fech rei

_____

_____

Meine Lesespur:

1, _____, _____, _____, _____, _____, _____, _____, _____, _____, _____, _____, _____

Beim Höllenlauf

Malik, Ylvi, Sina und Nican, die selbst in einem Leichtathletikverein trainieren, besuchen heute den „Höllenlauf", einen Extremhindernislauf, der im Umland von Laufsportbegeisterten organisiert wurde. Das Rennen steht unter dem Motto: „Wenn du durch die Hölle gehst, geh weiter." Der Ausspruch, der dem englischen Staatsmann Winston Churchill (1874–1965) zugeschrieben wird, aber hier vor allem witzig gemeint ist.

Wenn du wissen willst, was die vier Freunde bei dem Sportevent alles zu sehen bekommen, beginne bei 1 mit dem Lesen.

(1) Schon vom Eingang aus sehen Malik, Ylvi, Sina und Nican im Umkleidebereich der Läufer viele lustig verkleidete Teilnehmer. Sie entdecken Schlümpfe, Wikinger, Punker oder einfach Menschen mit Gesichtsbemalung. „Da, seht ihr", meint Nican, „ich habe euch doch gesagt, dass der Spaß im Vordergrund steht." „Klar", antwortet Ylvi, „aber läuferisch ist der Parcours halt auch ganz schön anspruchsvoll." Die vier Freunde haben eben ihre Eintrittskarten gekauft und gehen nun zur Zuschauertribüne Nord, wo sie sitzen werden. Ihre Plätze sind auf gleicher Höhe wie die kleine Pressetribüne, nur eine Ebene höher, sodass sie einen guten Blick auf das Gelände haben.

(2) Der Umkleidebereich der Läufer wird im Text zwar erwähnt, ist aber nicht Teil der Lesespur. Lies noch einmal bei 1 nach, wo genau es in der Geschichte weitergeht.

(3) Der Block 1 im Startbereich wird im Text zwar erwähnt, ist aber nicht Teil der Lesespur. Lies noch einmal bei 5 nach, wo genau es in der Geschichte weitergeht.

(4) Der Block 2 im Startbereich wird im Text zwar erwähnt, ist aber nicht Teil der Lesespur. Lies noch einmal bei 5 nach, wo genau es in der Geschichte weitergeht.

(5) Richtig, Malik hatte Recht. Nicht nur, dass sich die beiden Blöcke im Startbereich nach und nach füllen, sondern im Moment ertönt auch eine Lautsprecherdurchsage: „Bitte alle Läufer an den Start, bitte alle Läufer an den Start. Die Läufer mit den roten Startnummern begeben sich bitte in den ersten Block, die Läufer mit den schwarzen Startnummern stellen sich bitte im zweiten Block auf." „Das sind ja ganz schön viele", stellt Ylvi erstaunt fest, „kein Wunder, dass die zwei Leistungsblöcke am Start bilden, die rennen sich ja sonst gegenseitig über den Haufen." „Das ist bei Massenstarts aber immer so", ergänzt Sina, „deswegen gibt man ja seine Best- bzw. Qualifikationszeiten an, damit die Schnellsten vorne starten können."
Nach einer Weile meldet sich die Lautsprecherstimme wieder: „Gleich zählen wir den Countdown bis zum Start zusammen, Achtung: zehn, neun …" Tatsächlich stimmen hier nicht nur die Läufer, sondern auch alle Zuschauer mit ein: „… zwei, eins, los!" Und dann schauen alle Zuschauer auf den Start. Die ersten Läufer haben schon den Bergsprint und den Sprung auf das Strohfeld hinter sich, als die letzten Starter erst loslaufen. Gebannt schauen auch die vier Freunde dem Treiben zu, bis Sina plötzlich ruft: „Seht mal zur Kletterwand gleich hinter dem Bodengitter."

(6) „Wahnsinn", fährt Nican fort, „der Typ ist echt schnell. Ganz geschmeidig robbt der da unter dem Gitter durch." „Mist", meint Sina, „schaut mal zum Sanitäter rechts neben unserer Tribüne."

Stefan Schäfer: Differenzierte Lesespurgeschichten Deutsch 9/10
© Auer Verlag

(7) Genau, das ist die Kletterwand ohne Seil, auf die Sina ihre Begleiter aufmerksam macht. „Was ist denn mit der Kletterwand?", fragt Ylvi. „Na seht doch, die Läufer helfen sich teilweise gegenseitig, um über das Hindernis zu kommen." „Genau", pflichtet auch Nican bei, „die Leute dort sind auch alle ähnlich kostümiert, die laufen bestimmt als Gruppe und haben sich vorgenommen, den Parcours zusammen zu schaffen." „Das finde ich klasse", meint Ylvi begeistert, „endlich mal nicht nur Wettkampf gegeneinander!" „Au weia, Leute", sagt Malik zu den Freunden, „schaut mal neben die Feuerrinne, zu dem Schwimmteich."

(8) Der Bergsprint wird zwar mehrfach in der Geschichte als Orientierungspunkt erwähnt, ist aber nicht Teil der Lesespur. Lies am besten noch einmal an der letzten Stelle nach, an der du sicher richtig warst, wie die Geschichte weitergeht.

(9) Der Sprung auf das Strohfeld wird in der Geschichte zwar erwähnt, ist aber nicht Teil der Lesespur. Lies noch einmal bei 5 nach, wo genau es in der Geschichte weitergeht.

(10) Die Feuerrinne wird in der Geschichte zwar erwähnt, ist aber nur Orientierungspunkt. Lies noch einmal bei 7 nach, wo genau es in der Geschichte weitergeht.

(11) Das Reifenfeld 1 wird in der Geschichte nicht erwähnt, hier bist du also falsch. Lies am besten noch einmal an der letzten Stelle nach, an der du sicher richtig warst, wo die Handlung weitergeht.

(12) Die Kletterwand mit Seil wird in der Geschichte nicht erwähnt, hier bist du also falsch. Lies am besten noch einmal an der letzten Stelle nach, an der du sicher richtig warst, wo die Handlung weitergeht.

(13) Im Schwimmteich zwischen Kletterwand und Riesentreppe befinden sich nun immer mehr Läufer. „Und das bei dem Wetter! Wie viel Grad mag das Wasser wohl haben?", fragt Malik in die Runde. „Na ja", meint Sina, „das Wasser ist zwar nicht tief und es ist ja auch kein fließendes Gewässer, andererseits geht es nachts manchmal noch deutlich unter zehn Grad. Mehr als 15 Grad hat das Wasser bestimmt nicht", beendet sie ihre Überlegungen. „Das ist natürlich für die Muskulatur gefährlich", sagt Ylvi, „um kalte Muskeln zu vermeiden, macht man sich eigentlich vor dem Laufen warm." „Da", unterbricht Nican Ylvis Überlegungen, „jetzt sind die ersten Läufer schon auf Runde zwei. Der Führende robbt gerade unter dem Bodengitter vor der Kletterwand durch."

(14) Die Riesentreppe besteht aus großen Strohrollen, die man nicht wie eine Treppe besteigen kann, sondern an denen man sich hochziehen muss. Auch hier helfen sich die Läufer gegenseitig, trotzdem ist das Hindernis sehr kräftezehrend. „Was meint ihr", fragt Sina, „das sieht doch eigentlich ganz lustig aus, wie die da die Strohballen wieder runterrutschen." „Klar", sagt Nican, „runter geht es, aber man muss halt erst mal nach oben. Ihr seht ja bei der Verpflegungsstation zwischen der Bergsprintstrecke und der anderen Sanitätsstation, wie viele Läufer da Station machen."

(15) Die Kieswannen werden in der Geschichte nicht erwähnt, hier bist du also falsch. Lies am besten noch einmal an der letzten Stelle nach, an der du sicher richtig warst, wo die Handlung weitergeht.

Stefan Schäfer: Differenzierte Lesespurgeschichten Deutsch 9/10
© Auer Verlag

(16) Richtig, hier bei den Strickleitern geht es weiter. Die Strickleitern hängen lose an einem etwa drei Meter hohen Balken. Es gilt, die Strickleitern nach oben zu klettern, sich über den Balken zu schieben und dann auf der anderen Seite die Strickleitern wieder runterzusteigen. Auch hier arbeiten viele Menschen zusammen, denn es ist natürlich viel leichter, die Strickleitern rauf- und runterzukommen, wenn sie sich nicht frei bewegen können und dann hin- und herschwanken, sobald sich jemand auf einer der Strickleitern befindet, sondern sie unten festgehalten werden. Aber es helfen sich nicht nur die Läufer innerhalb von Teams, sondern offenbar auch ganz fremde. Da macht Ylvi ihre Freunde auf die Schlammgrube, die direkt neben den Strickleitern in Richtung der Siegerpodeste liegt, aufmerksam.

(17) Das Reifenfeld wird in der Geschichte zwar erwähnt, ist aber nicht Teil der Lesespur. Lies noch einmal bei 25 nach, wo genau es in der Geschichte weitergeht.

(18) „Boah", sagt Ylvi, „diese Schlammgrube ist richtig fies, da fällt ja jeder von den Balance-Balken hinein, was für eine Sauerei!" Eigentlich kann man auf einem relativ dicken Baumstamm über die Schlammgrube balancieren. Und die ersten Läufer sind am Anfang des Rennens auch noch recht gut über den Baumstamm gekommen. Aber klar: Immer, wenn jemand in die Schlammgrube fällt, bekommt der Stamm Schlammspritzer ab. Je mehr Schlammspritzer er abbekommt, desto mehr rutschen aus und fallen in die Grube und desto mehr Schlammspritzer bekommt der Baumstamm ab und so weiter. Jetzt, wo sich das Rennen dem Ende zuneigt, fällt eigentlich jeder in die Schlammgrube. Nur diejenigen nicht, die den „Umweg" über den Baumstamm erst gar nicht antreten, sondern gleich durch die Grube waten und dann brustabwärts von Schlamm bedeckt sind. „Immerhin", sagt Nican, „ist ja direkt daneben der Wassergraben." Der Wassergraben liegt zwischen der Schlammgrube und den Bodengittern, die sich hinter dem Start befinden.

(19) „Na ja", sagt Sina, „es stimmt natürlich, dass die Läufer sich den Schlamm im Wassergraben etwas abwaschen können, aber schaut mal, wie mühsam sie sich auf der anderen Seite an der Uferböschung wieder raufkämpfen müssen. Da sind sie nachher fast wieder so schlammig wie zuvor." „Ich", meint Malik, „ich gehe jetzt jedenfalls mal zu den Imbissbuden da hinten und hole mir etwas zu trinken. Soll ich jemandem etwas mitbringen?" „Nein, bleib hier", ruft Nican laut, „da, schau doch ins Ziel!"

(20) Tatsächlich reißt im Zielbereich ein Mann die Arme nach oben und sinkt auf seine Knie. Gleichzeitig brandet auf den Tribünen Applaus auf. „Respekt!", sagt Ylvi, „da kann er richtig stolz sein." „Klasse Leistung!", bestätigt auch Sina.
Nach und nach erreichen immer mehr Sportler das Ziel. Und je mehr Sportler das Ziel erreichen, desto stärker feuert das Publikum die anderen Läufer an, nicht aufzugeben. Es herrscht nun eine richtig tolle Stimmung. Jeder, der es am Ende geschafft hat, bekommt als Belohnung ein T-Shirt mit der Aufschrift „Höllenhund". Und auch die vier Freunde bereuen es nicht, sich diesen Höllenlauf angesehen zu haben.

(21) Die Zuschauertribüne West wird in der Geschichte nicht erwähnt, hier bist du also falsch. Lies am besten noch einmal an der letzten Stelle nach, an der du sicher richtig warst, wo die Handlung weitergeht.

Stefan Schäfer: Differenzierte Lesespurgeschichten Deutsch 9/10
© Auer Verlag

(22) Auf der Zuschauertribüne Nord befinden sich die Plätze der vier Freunde. Und hier setzen sie sich auch erst einmal, obwohl es bis zum Rennbeginn noch über eine halbe Stunde dauert. „Habt ihr schon gesehen", meint Sina, „hier in dem Flyer, der an der Kasse ausliegt, steht, dass die Strecke 1,5 km lang ist und 14 Hindernisse aufweist. Die Läufer starten in zwei Gruppen. Die erste, leistungsstärkere Gruppe, läuft vier Runden und hat dafür eine Stunde Zeit. Die zweite läuft nur zwei Runden und kann 45 Minuten brauchen." „Wie?", fragt Ylvi nach, „Das verstehe ich nicht. Was heißt 'hat dafür eine Stunde Zeit' und 'kann 45 Minuten brauchen'? Gewinnt nicht einfach der Schnellste?" „Logisch", sagt Sina, „gewinnt der Schnellste. Aber der Witz ist, dass sich jeder, der innerhalb der geforderten Maximalzeit seine zwei oder vier Runden schafft, sich 'Höllenhund' nennen darf." „Witzig", meint Nican trocken. „Dort, Leute, schaut", ruft Malik, „der Startbereich füllt sich so langsam. Bald geht es los, die ersten Läufer sind schon an der Startlinie."

(23) Die Imbissbuden im Gastrobereich werden in der Geschichte zwar erwähnt, sind aber nicht Teil der Lesespur. Lies noch einmal bei 19 nach, wo genau es in der Geschichte weitergeht.

(24) Die Zuschauer-WCs werden in der Geschichte nicht erwähnt, hier bist du also falsch. Lies am besten noch einmal an der letzten Stelle nach, an der du sicher richtig warst, wo die Handlung weitergeht.

(25) Bei den Sanitätern wird der erste Läufer verarztet. „Für den da unten" erklärt Sina, „läuft es nicht ganz so geschmeidig." „Wahrscheinlich", sagt Ylvi, „ist er in diesem Reifenfeld umgeknickt." „Ja", sagt Malik, „das kann ich mir auch vorstellen. Das Reifenfeld ist zwar nicht schwierig, aber irgendwie tückisch, weil man so leicht abrutscht."

Wenn du in dem kleinen Wortgitter vom „E" ausgehst und immer in der Pfeilrichtig weiterliest, kannst du das Wort „Eishockey" lesen.

O→	C→	K↓
H↑	E↓	E↓
S↑	←I	Y

In derselben Weise hat sich in dem folgenden Wortgitter eine Wortschlange eingerollt. Gesucht wird die Bezeichnung einer weiteren Sportart. Kannst du sie finden? Die Zahl der Buchstaben des gesuchten Wortes ist die Ziffer, an der es weitergeht.

Z	T	R	E	I	E	R	U	O	L
U	G	U	W	W	T	Z	I	P	K
I	F	J	Q	R	T	Z	P	L	M
O	D	O	H	W	H	T	A	K	N
P	E	P	G	Q	C	L	T	M	B
K	A	M	F	K	I	E	H	N	V
J	C	N	D	I	T	E	L	B	F
H	V	B	S	Y	X	V	C	V	E

Stefan Schäfer: Differenzierte Lesespurgeschichten Deutsch 9/10
© Auer Verlag

26   Die Pressetribüne wird im Text zwar erwähnt, ist aber nicht Teil der Lesespur. Lies noch einmal bei 1 nach, wo genau es in der Geschichte weitergeht.

27   Die Siegerpodeste werden in der Geschichte zwar erwähnt, sind aber nicht Teil der Lesespur. Lies noch einmal bei 16 nach, wo genau es in der Geschichte weitergeht.

28   Diese Sanitätsstation wird im Text mehrmals erwähnt, ist aber nicht Teil der Lesespur. Lies am besten noch einmal an der letzten Stelle nach, an der du sicher richtig warst, wo die Handlung weitergeht.

29   Genau, hier ist die Verpflegungsstation, auf die Nican hingewiesen hat. Hier können die Läufer etwas zu trinken bekommen, außerdem gibt es Bananen als Energielieferant für Zwischendurch. Auch in der Sanitätsstation hinter der Verpflegungsausgabe werden mittlerweile einige Läufer betreut, doch für einen so anstrengenden „Höllenlauf" passiert eigentlich recht wenig. Das bedeutet, dass zumindest die meisten Teilnehmer fit und trainiert in den Wettbewerb gegangen sind.

Wie viele olympische Sportarten lassen sich aus den folgenden Silben bilden? Schreibe die Sportarten auf. Wenn du die Zahl der Sportarten verdoppelst, erhältst du die Ziffer, an der die Geschichte weitergeht.

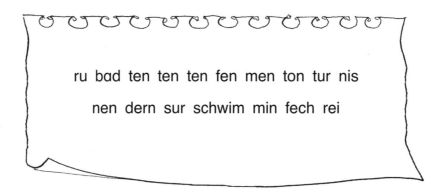

ru bad ten ten ten fen men ton tur nis

nen dern sur schwim min fech rei

_____

_____

Meine Lesespur:

1, ____, ____, ____, ____, ____, ____, ____, ____, ____, ____, ____, ____

Stefan Schäfer: Differenzierte Lesespurgeschichten Deutsch 9/10
© Auer Verlag

Höllenlauf

Sanitäter 1 (28)

Sprung (auf das Strohfeld) (9)

Feuerrinne (10)

Reifenfeld 1 (11)

Verpflegung (29)

Schwimmteich (13)

glatte Kletterwand mit Seil (12)

Riesentreppe (aus Strohrollen) (14)

Bergsprint (8)

Strickleitern (16)

Reifenfeld 2 (17)

Kletterwand ohne Seil (7)

Kieswannen (15)

Balance-Balken über Schlammgrube (18)

Bodengitter (6)

Wassergraben (19)

Sanitäter 2 (25)

Startlinie (5)

Siegerpodest (27)

Zuschauertribüne Nord (22)

Startbereich 1 (3)

ZIEL — Ziel (20)

Presse (26)

Gastrobereich (23)

Startbereich 2 (4)

Umkleide Sanitär (Läufer) (2)

Eingang (1)

Zuschauertribüne West (21)

WC Zuschauer (24)

Meine Lesespur: 1 , 22 , 5 , 7 , 13 , 6 , 25 , 14 , 29 , 16 , 18 , 19 , 20

Lösung zu (25): Gesucht wird „Leichtathletik" (= 14 Buchstaben). Die Geschichte geht also bei 14 weiter.

Z	T	R	E	I	E	R	U	O	L
U	G	U	W	W	T	Z	I	P	K
I	F	J	Q	R	T	Z	P	L	M
O	D	O	H	W	H →	T →	A ↓	K	N
P	E	P	G	Q	C ↑	L ↓	T ↓	M	B
K	A	M	F	K ↑	I ↑	← E	H ↓	N	V
J	C	N	D	I ↑	← T	← E	← L	B	F
H	V	B	S	Y	X	V	C	V	E

Lösung zu (29): Es sind acht Sportarten: Turnen, Schwimmen, Badminton, Tennis, Rudern, Fechten, Reiten, Surfen (8 x 2 = 16). Die Geschichte geht also bei 16 weiter.

Stefan Schäfer: Differenzierte Lesespurgeschichten Deutsch 9/10
© Auer Verlag